저출산은 성형수술 때문입니다

앞으로 우리나라에서
저출산에 대한 이야기는
이 책과 함께 바뀔 것이다

- 서평단 닉네임 '부활자'

그동안 저출산에 대해서
우리가 알고 있었던 상식들을
모두 깨버린 정말 놀라운 책이다

- 서평단 닉네임 '튤립'

제목을 보고 정말 궁금했는데

책을 읽고 나서 저출산과 성형의

관계를 알게 되자, 소름이 돋았다

- 서평단 닉네임 '미르세트'

목차부터 눈을 뗄 수 없었는데

본문 내용은 상상을 초월할 정도다

대한민국에 충격을 줄 것이라고 본다

- 서평단 닉네임 '소나무'

목차

프롤로그

저출산에 대해서 아무것도 모르는 당신에게 · 10

1장 : 외모

남성과 여성 중 누가 더 외모를 볼까 · 17
여성들이 결혼할 때 가장 많이 보는 것 · 20
대한민국 여성들이 원하는 배우자의 키 · 23
소개팅을 하다가 여성이 집에 갔던 이유 · 26
얼굴처럼 키도 가볍게 성형할 수 있었다면 · 30
외모를 보는 세상, 결혼 건수 감소를 일으키다 · 34

2장 : 경제력

어느 날, 재벌 2세가 당신에게 청혼을 한다면	41
여성이 남성의 경제력을 보는 이유	44
통계로 보는 이상적인 남성 배우자의 연봉	47
아내의 수입이 남편보다 많으면 벌어지는 일	51
대기업 여성은 왜 9급 공무원을 기피하는가	54
남성의 소득별 혼인율과 불편한 진실에 대하여	58

3장 : 성형

자연 미인 -VS- 성형 미인	65
성형으로 예뻐지면 눈이 높아지는 이유	68
외모로 많은 돈을 벌 수 있는 시대	72
한 달에 수천만 원을 버는 텐프로 이야기	76
대한민국 상위 1% 연봉을 벌 수 있는 직업	80
일반인들이 모르는 그들만의 은밀한 세계	83
만약 성형이라는 기술이 존재하지 않았다면	88

4장 : BJ

어떤 남성이 한강에서 자살을 시도한 이유	95
외로운 한국 남성들, 여성 BJ들에게 빠지다	98
여성 BJ들은 과연 얼마를 벌까	102
BJ들에게 연애 감정을 느끼는 남성들의 모습	107
왜 수많은 남성들은 BJ들을 사랑하게 되었는가	111
BJ들에게 빠진 남성들과 연관된 충격적인 사건들	116
BJ, 대한민국을 저출산 국가로 만들다	119

5장 : 스폰

연예인 스폰 -VS- 일반인 스폰	127
인스타그램을 통해 보는 스폰녀들의 특징	131
DM을 통해 벌어지는 충격적인 스폰 거래	134
클럽에 성형한 여성들이 많은 이유	138
스폰을 하는 남성들은 누구인가	142
저출산과 스폰의 상관관계	146

6장 : 세계

한국과 경쟁하는 중국의 놀라운 근황   153

중국의 저출산을 일으킨 것은?   157

대한민국과 중국의 놀라운 공통점   161

왕훙과 BJ들이 중국에 미친 영향   164

일본의 저출산 현황에 대하여   171

잘생긴 남성을 원하는 일본 여성들   174

초식남이 존재하지 않는 일본   178

일본은 왜 한국보다 결혼 건수가 많을까   182

미국과 유럽의 충격적인 실태   186

상대적으로 높은 유럽 출산율의 비밀   192

동아시아 국가들은 왜 저출산인가   195

7장 : 미래

세계 1위 저출산 국가, 대한민국의 슬픈 미래   205

북한과 통일하는 것은 저출산 해결책이 될까?   210

돈을 주면 저출산이 해결된다는 생각에 대하여 216

이스라엘에게 배우는 저출산 해결책 221

성형으로 잘생긴 남자 만들기 227

조상님에게 배우는 지혜 233

저출산을 해결할 마법 같은 방법 239

여성들이 말하는 비혼의 진실 246

에필로그

저출산의 불편한 진실을 말할 수밖에 없었던 이유 255

프롤로그

저출산에 대해서
아무것도 모르는 당신에게

여러분은 지금 책의 제목을 보고 호기심으로 책을 펼쳤을 것이다. '성형수술 때문에 저출산이 생겼다고?'라는 생각을 했을 것이 분명하다. 그래서 먼저 말하자면 성형은 대한민국 저출산의 원인이 맞다. 그것도 아주 강력한 원인이다.

이에 대한 본격적인 이야기를 하기 전, 최근 상황을 보면 놀랍기만 하다. 2023년 우리나라의 출산율은 0.72로 세계에서 가장 낮았고, 서울의 출산율은 0.55를 달성했다.

저출산이 심각한 문제로 인식되면서 정부가 예산 지원을 시작한 것이 2006년이었다. 이후 2023년까지 저출산 문제 해결을 위해 투입되었던 예산은 무려 380조 원이 넘는다.[1] 하지만 안타깝게도 출산율은 계속 낮아지고 있다.

그런데 우리 한번 생각을 해보자. 예산을 투자해도 전혀 효과가 없다는 것은 무엇을 뜻할까? 그렇다. 저출산의 진짜 원인들은 우리가 생각하는 것들과 다르다는 것이다. 그래서 투자를 해도 저출산이 계속 악화되었다고 할 수 있다.

그럼 도대체 무엇 때문에 저출산이라는 말인가? 첫 번째 힌트를 주겠다. 우리나라를 포함하여 경제 선진국의 모임인 OECD 회원국들과 아프리카 대륙의 평균 출산율을 비교해보면 되는데 구체적인 수치는 각각 다음과 같다.[2]

- OECD 회원국 평균 출산율 : 1.58
- 아프리카 대륙 평균 출산율 : 4.31

정말 흥미롭게도 먹고 살기 힘든 나라들이 많은 아프리카 대륙의 출산율이 선진국들의 출산율보다 훨씬 높다. 그런데 한 가지 더 재미있는 사실은 우리나라도 먹고 살기 힘들었던 시절의 출산율이 지금보다 훨씬 높았다는 것이다.

예를 들면 1960년, 한국의 출산율이 얼마였는지 아는가? 무려 6.16이었다.[3] 하지만 OECD 회원국들처럼 우리나라도 선진국이 되면서 결국 저출산이라는 문제가 생겼다.

경제 선진국들이 모두 저출산으로 고생한다는 것과 함께 두 번째 힌트는 바로 '결혼 건수'다. 아이를 낳으려면 당연히 남녀가 결혼부터 해야 한다. 그중에서도 초혼 건수가 굉장히 중요하다. 왜냐하면 결혼 건수 통계에서는 초혼과 재혼 모두 통계로 잡히는데, 재혼을 한 부부는 남녀 모두 평균 연령이 40~50대 이상이라서 출산과 상관이 없다. 그래서 초혼 건수를 봐야 하는데 최근 2023년을 기준으로 할 경우, 10년 전과 비교했을 때 초혼 건수 변화는 다음과 같았다.

- 2013년 : 25만 5천 건
- 2023년 : 14만 9천 건

놀랍다. 불과 10년 사이, 초혼 건수는 무려 10만 건 이상 감소했다. 그럼 정리된다. 저출산의 직접적인 원인은 '결혼 건수 감소'다. 결혼의 감소로 출산이 감소한 것이다. 그런데 이것은 우리나라뿐만 아니라 모든 경제 선진국들의 저출산 원인이기도 하다. 그래서 다음과 같은 질문이 완성된다.

'왜 선진국이 되면 결혼 건수가 많이 감소해서 그로 인한 저출산이 발생하는 것일까?'

이제 생각해 보자. 전문가들이 주장하는 집값, 사교육비, 경력 단절, 독박 육아가 앞의 질문에 대한 정답일까? 필자는 아니라고 확실하게 말한다. 저출산의 진짜 원인은 목차에서 소개했던 아래의 요소들과 깊은 관련이 있기 때문이다.

'외모 / 경제력 / 성형 / BJ / 스폰'

그렇다. 대한민국의 저출산은 위의 요소들 때문에 발생한 것이다. 특히 성형은 세계 성형 비율 1위인 대한민국이 세계 저출산 1위를 차지하는 결정적 원인이라고 할 수 있다.

필자가 자신 있게 말하는 이유가 궁금한가? 당연히 논리적인 이유들이 있다. 이 책을 다 읽고 나면 여러분은 그동안 몰랐던 저출산의 진짜 원인을 알게 될 것이다. 이제 당신을 충격적이고 불편한 진실 속으로 안내하겠다.

1장
외모

남성과 여성 중
누가 더 외모를 볼까

여러분들에게 재미있는 한 가지 질문을 던져보려고 한다. 남성과 여성 중 누가 더 외모를 볼까? 이 문제에 대해 많은 사람들은 쉽게 답을 내린다. 남성이 외모를 더 본다고.

하지만 직접 사례들을 살펴보면 여성도 남성만큼 외모를 본다는 사실을, 아니 어쩌면 여성들이 남성들보다 외모를 더 많이 본다는 흥미로운 사실을 알 수 있을지도 모른다.

예를 들어보자. 남자 배우들 중에서 외모로 정말 유명한 배우는 '현빈'이다. 185cm의 키, 잘생긴 얼굴, 넓은 어깨와 긴 다리까지, 외모로 현빈 같은 남성을 주변에서 찾아보기는 어렵다. 그렇다 보니 그가 젊은 시절, 드라마 〈시크릿 가든〉에서 보여준 멋진 외모는 지금도 전설로 남아있다.

그런데 사실 그의 외모로 인한 놀라운 일화는 따로 있다. 현빈은 고등학생이었던 시절에 학교 연극반 활동을 하면서 수많은 여학생들에게 사랑을 받았다. 현빈이 출연하는 연극 공연만 항상 여학생들 때문에 표가 매진될 정도였다.

심지어 그때는 현빈이 배우로 데뷔를 하기도 전이었는데 인기 투표를 하면 그 지역의 여고생들이 연예인도 아니었던 현빈을 모두 뽑을 정도였고, 심지어는 여학생들이 팬클럽을 만들어서 활동할 정도였다고 하니 정말 놀랍지 않은가.[4]

이처럼 멋진 외모를 가진 배우들은 학생 시절부터 여성들에게 인기가 많았다. 또 다른 배우 강동원은 대학생 시절에 학교 축제에서 음식 서빙을 했는데 수많은 여학생들이 그를 보기 위해 몰렸다 보니 다른 과에서 운영하는 주점을 망하게 만들어버린 놀라운 이야기의 주인공이기도 하다.[5]

전설의 아이돌 그룹 〈H.O.T.〉, 〈젝스키스〉, 〈동방신기〉가 등장했을 때도 여성들의 반응은 뜨거웠다. 이중에서 특히 〈동방신기〉의 경우, 팬 카페 〈카시오페아〉 회원 숫자가 무려 100만 명이 넘을 정도였고, 여학생들이 〈동방신기〉에 빠져 학교도 안 가고 하루 종일 따라다니는 사례들이 계속 뉴스로 보도가 되면서 화제가 되기도 했다.

이처럼 여성들은 외모가 뛰어난 멋진 남성들을 좋아한다. 그리고 반응이 남성들과 다르게 매우 적극적이다. 그런데 한 가지 흥미로운 사실은 여성들이 결혼을 생각할 때는 남성의 외모보다 경제력과 직업을 더욱 많이 본다고 알려져 있다는 것이다. 이것은 과연 진실일까? 정답을 확인하기 위해 직접 결혼 전문가의 이야기를 함께 들어보도록 하자.

여성들이 결혼할 때
가장 많이 보는 것

유명한 결혼정보회사 〈지노블〉의 권민정 부대표가 회사 유튜브 채널 〈척언니〉에서 그동안의 수많은 상담 경험들을 바탕으로 우리나라 미혼 남녀가 결혼을 생각할 때 중요하게 생각하는 요소에 대해서 말한 적이 있었다.[6]

먼저 결혼을 생각하는 남성이 여성을 볼 때, 우선 순위는 어땠을까? 권민정 부대표의 대답은 다음과 같았다.

'외모, 나이'

그랬다. 역시 남성들은 여성들의 외모를 중요하게 여겼고 자녀도 중요하게 생각하다 보니 임신 확률이 낮은 여성보다 임신 확률이 높은 여성, 즉 젊은 여성들을 선호했다.

그럼 반대로 여성이 남성을 볼 때, 우선 순위는 어땠을까? 당연히 경제력과 직업을 중요하게 생각할 것으로 예상된다. 그런데 권민정 부대표는 다음과 같이 말했다.[7]

"결혼정보회사에 오시는 여자 분들이 남자 분들에게 바라는 재산이나 직업 같은 조건이 있잖아요. 그런데 실제로 만남을 해보면 본인들이 원했던 조건에서 멀어지게 돼요. 뭐 때문에 생각이 달라지냐 하면 바로 남자들의 외모 때문이에요.

남자가 돈이 많든지, 직업이 좋든지, 만났을 때 호감이 가는 외모냐, 이게 중요한 거죠. 직접 만나서 남자가 "안녕하세요" 할 때 3초 안에 결정이 돼요. 남자 분들을 만났을 때 여자 분들이 선택을 하는 첫 번째 기준은 결국 '외모'더라고요."

정말 놀라웠다. 그동안 우리나라의 수많은 미혼 여성들을 만난 권민정 부대표가 느낀 점은 요즘 여성들이 결혼을 생각할 때도 남성들의 조건 중 외모를 크게 본다는 것이었다.

그런데 외모의 여러 가지 요소들 중에서도 여성들이 절대 포기하지 않는 요소가 한 가지 있다. 과연 그것은 무엇일까? 정답은 결혼정보회사의 상담 현장을 가보면 알게 된다.

이번에는 EBS 〈다큐 시선〉 '결혼 파업'의 한 장면을 함께 보도록 하자.[8] 결혼정보회사에서 커플 매니저가 여성 고객들에게 남성 고객을 연결시켜주기 위해 열심히 전화로 상담을 하고 있었다. 그때 한 여성이 소개를 받은 남성과의 만남을 거절했다. 그래서 커플 매니저가 여성에게 어떤 점이 마음에 들지 않았는지 묻자, 여성은 바로 다음과 같이 말했다.

"남자 분이 키가 좀 작으신 것 같아요."

대한민국 여성들이
원하는 배우자의 키

 앞의 사례에서 볼 수 있듯이 요즘 여성들은 남성들의 얼굴보다 키를 더욱 중요하게 생각한다. 그렇다 보니 여성들이 소개팅을 하기 전에 남성을 만날지 여부를 판단하는 첫 번째 기준이 바로 '키'다. 만나서 얼굴을 보고 대화를 하기도 전에 남성의 키가 마음에 들지 않으면 일단 거르는 것이다.

 그렇다면 과연 우리나라 여성들은 어느 정도의 키를 가진 남성을 배우자로 원하는 것일까? 오랜 역사를 가진 유명한 결혼정보회사 〈듀오〉에서 해마다 조사하고 있는 '이상적인 배우자상'의 최신 자료를 보면 한국 여성들이 원하는 남성의 평균 키는 무려 '178.7cm'로 나타났다. 그리고 키에 대해서 구체적인 구간별 조사 결과는 다음과 같았다.[9]

- 180cm 이상 ~ 185cm 미만 : 34%

- 175cm 이상 ~ 180cm 미만 : 33.8%

- 남성의 키는 상관 없다 : 20.8%

위 설문조사 결과가 말해주는 사실은 간단하다. 우리나라 여성들 중에 결혼을 생각할 때, 남성의 키를 안 보는 여성은 10명 중 2명에 불과하다는 것이다.

반대로 대부분의 여성들은 남성의 키를 보는데 여성들이 원하는 키는 최소 175cm 이상이라는 것, 가장 희망하는 키는 180cm 이상이라는 것이 조사를 통해 드러났다.

그럼 여성들은 왜 키가 큰 남성들을 선호하는 것일까? 그 이유는 간단하다. 키가 크다는 것은 남성적인 매력을 강하게 느끼도록 만들어주기 때문이다. 그래서 키가 큰 남성은 체격적인 우위를 바탕으로 여성들에게 사랑을 받는다.

좋은 사례도 있다. 가수 성시경의 키는 무려 186cm로 우리나라 남성들 중에서 매우 크다고 할 수 있다. 그런 성시경이 무대에서 감미로운 목소리로 들려준 노래에 수많은 여성들이 빠졌고, 덕분에 그는 정말 유명해졌다.

그런데 만약 성시경의 키가 186cm가 아니라 166cm였다면 어떤 일이 벌어졌을까? 만약 그랬다면 그는 '발라드의 왕자'라는 멋진 별명을 얻지 못하고, 지금처럼 많은 여성들에게 사랑을 받기도 어려웠을 것이다.

이처럼 남성의 큰 키는 여성에게 매력을 느끼도록 만드는 중요한 요소라고 할 수 있다. 그렇다 보니 수많은 여성들은 유튜브 채널에서 진행한 길거리 인터뷰에서도 키 큰 남성을 선호하는 이유에 대해서 다음과 같이 말했다.

"안겼을 때, 품에 쏙 들어가는 게 좋아서요."
"남자 분이 키가 크면 핏도 좋고 멋져보여요."
"키가 큰 남자는 남자답게 느껴져서 좋아요."

소개팅을 하다가
여성이 집에 갔던 이유

서론에서 말했듯이 대한민국 저출산의 직접적인 원인은 결혼 건수 감소다. 그리고 앞서 봤듯이 요즘 여성들은 키가 작은 남성들과 연애와 결혼하는 것을 기피하고 있다.

즉, 결혼이 잘 이루어지지 않는 여러 가지 원인 중 외모의 측면을 생각해 보면 여성들이 바라는 남성의 키가 높은 것이 결혼을 방해하는 요소로 작용하고 있는 것이다.

그런데 필자가 여성들이 바라는 남성의 키가 높다고 표현한 이유가 있다. 바로 우리나라 20대, 30대 남성 평균 키는 173cm ~ 174cm에 불과하기 때문이다.

밖에서 키가 큰 남성만 눈에 띄다 보니 평균 키가 170cm 후반이라고 착각을 할 수 있을텐데, 해마다 20대 남성들을 대상으로 군 입대 전에 진행되는 병무청의 신체검사 통계는 20대 젊은 남성의 평균 키가 173cm ~ 174cm로 사람들의 생각보다 크지 않다는 것을 보여주고 있다.

문제는 바로 여기서 출발한다. 여성들이 결혼의 대상으로 여기는 남성의 마지노선 키는 설문조사에서 잘 드러났듯이 평균 키보다 1~2cm가 높은 175cm다.

그런데 175cm 이상의 키를 가진 남성들은 얼마나 될까? 통계를 보면 20대, 30대 남성들 중에서 45%정도다. 나머지 55%는 175cm가 안 되어서 불리함을 겪는다.

더욱 안타까운 것은 175cm를 넘어서 170cm가 안 되는 남성들도 우리나라에 많다는 점이다. 그 비율이 과연 얼마나 된다고 생각하는가? 정답은 다음과 같다.

'25%'

병무청 신체 검사 통계를 기준으로 170cm 이하 남성의 비율은 25%다. 우리나라의 젊은 남성들 4명 중 1명은 키가 160cm대인 것이다. 결국 이런 남성들은 얼굴, 재산, 직업이 뒷받침되거나 운이 좋아서 키를 전혀 안 보는 여성을 만나지 않는 이상, 현실적으로 연애 및 결혼이 정말 어렵다.

실제로 키가 작은 남성들은 여성을 만나는 데 있어서 큰 어려움을 겪는다. 온라인 커뮤니티에 〈키 작은 남자 소개해 줬는데 잘못인가요〉라는 제목으로 올라왔던 유명한 사연을 보면 이들이 무슨 일을 겪는지 구체적으로 알 수 있다.

소개팅 주선자인 여성은 남성의 키가 167cm라는 사실을 말해주지 않고 친구에게 소개팅을 주선했다. 그리고 소개팅 자리에서 친구가 집에 가버리는 일이 생겼다. 이후 주선자가 친구와 나눈 채팅 내용은 아래와 같았다.[10]

"소개팅에서 오늘 만난 애 별로였어?"

"응, 키가 너무 작더라 …….."

"그래도 기왕 나간 거 밥 먹으면서 이야기라도 나눠봤으면 좋았을 텐데. 밥 시켜놓고 바쁜 일이 있다면서 나갔다며."

"미안해. 잠깐 이야기를 나눴는데 그냥 호감이 안 가더라. 시간을 낭비하는 것보다는 그냥 나가는 게 낫다고 생각했어. 남자 분의 키가 작다고 미리 나한테 이야기 좀 해주지. 처음에 보자마자 호감도가 너무 떨어져서 …….."

"네가 나한테 키에 대해서는 안 물어보길래 딱히 말을 안한 건데. 아무튼 알겠어. 그럼 쉬어 …….."

그런데 심각한 문제는 따로 있었다. 이것 때문에 소개팅 주선자인 글쓴이가 화가 나서 온라인에 글을 썼던 것인데 그 이유는 본문에 다음과 같이 나와 있었다.

"어떻게 자기한테 그런 남자(키 작은 남자)를 소개해 줄 수 있냐면서 다른 친구들한테 저에 대한 욕을 했다고 합니다."

이제 한 가지 궁금한 것이 생긴다. 여성들이 남성들의 키를 보는 현상은 최근에 벌어진 것일까? 당연히 그렇지 않다. 과거 2000년대에도 지금과 전혀 다르지 않았다.

예를 들면 당시 〈같이 걷고 싶은 남자의 키〉라는 주제로 흥미로운 설문조사가 진행되었다. 그때 무려 85.8%의 여성들이 175cm 이상의 남성들을 선택했고, 반면 175cm 미만 남성들을 선택했던 여성들의 비율은 다음과 같았다.

- 170 ~ 175cm : 14.2%
- 키 170cm 이하 : 0%

얼굴처럼 키도 가볍게
성형할 수 있었다면

　　MBC 예능 〈라디오 스타〉에 개그맨 허경환이 나온 적 있었다. 그는 키가 167cm이지만 잘생긴 얼굴, 운동으로 오랫동안 단련한 몸, 닭가슴살 사업을 바탕으로 괜찮은 경제력, 여기에 유머 감각도 갖춘 인물로 매우 유명하다. 그런 그가 방송에서 다음과 같이 재미있는 이야기를 꺼냈다.[11]

　　"저는 항상 소개팅에 5분 늦게 나갔어요."

　　정말 흥미로웠다. 상식적으로 생각하면 보통 소개팅을 할 때는 남성이 예의상 먼저 가서 자리를 잡고 있는 것이 보통 아닌가. 그런데 허경환은 반대로 여성이 먼저 도착한 다음, 일부러 5분 늦게 들어갔다고 한다. 왜 그랬을까?

사연은 이랬다. 허경환이 소개팅의 분위기를 좋게 만들고 나서 자리를 옮기려고 일어났을 때, 작은 키 때문에 여성이 허경환에 대해서 호감도가 낮아졌던 경우가 많았다고 한다. 그래서 그는 5분을 늦게 가서 키를 먼저 보여주고, 상대방의 호감도를 먼저 낮춘 상태에서 유머 감각과 얼굴로 호감도를 올리는 방식을 통해 문제를 극복했다고 말했다.

하지만 안타깝게도 키 작은 남성들의 대부분은 허경환과 같은 방식을 선택해도 결과가 좋지 않을 것이다. 왜? 이유는 간단하다. 키가 작은데 허경환처럼 잘생기고, 몸 좋고, 경제력도 있고, 여기에 유머 감각까지 가진 남성이 얼마나 될까. 그래서 키가 작으면 그냥 힘들다.

그럼 남성들의 키 문제를 해결할 수 있는 방법은 없을까? 안타깝게도 키 문제를 해결하는 방법은 사실상 없다고 할 수 있다. 여성들이 쌍꺼풀 수술을 가볍게 하듯이 키도 그런 식으로 해결할 수 있으면 좋겠지만 키 수술은 늘릴 수 있는 길이에 한계가 있고, 수천만 원의 비용, 오랜 회복 기간, 수술 후 장애를 겪을 수 있는 확률까지 있기 때문에 우리가 모두 알다시피 남성들이 거의 안 하는 수술이다.

이렇게 남성의 키는 수술로 해결하는 것이 어렵지만 여성들은 남성들의 키를 중요하게 생각한다. 그리고 흥미롭게도 키 작은 여성은 자기가 작다는 이유로, 키 큰 여성은 자기가 크다는 이유로 모두 키 큰 남성을 원하는 것이 현실이다.

그런데 한 가지 더 놀라운 사실이 있다. 앞서 봤던 결혼정보업체 〈듀오〉의 조사 결과에서 여성이 원하는 남성의 평균 키는 178.7cm였다. 하지만 구체적인 조사 결과를 살펴보면 이상적인 키로 불리는 180cm 이상의 남성들을 원하는 여성들의 비율은 10년 전보다 20% 이상 증가했다. 과거보다 키 큰 남성을 원하는 현상이 훨씬 더 심해진 것이다.

정리해 보자. 요즘 대부분의 여성들은 남성의 키, 얼굴을 보는데 그중에서도 절대 키를 포기하지 못한다. 그렇다 보니 키 작은 남성들은 얼굴, 재산, 직업이 뒷받침되거나 아니면 운이 좋아서 키를 전혀 안 보는 여성들을 만나지 않는 이상, 연애하고 결혼을 하는 것이 과거보다 매우 힘들어졌다.

특히 키 170cm가 안 되는 결혼적령기 남성은 통계에서 봤듯이 4명 중 1명, 즉 25%로 사람들의 생각보다 높은 비율을 차지하고 있다. 그런데 과거보다 여성들이 키 큰 남성을 선호하는 현상이 더 심해지면서 170cm가 안 되는 25%의 남성들이 점점 결혼하기 어렵게 되었으니 결혼 건수 감소가 갈수록 심해지는 것은 당연한 일이라고 할 수 있다.

　이뿐만 아니다. 여성들이 원하는 최소 키 175cm 이상의 남성들은 통계로 나왔듯이 45%에 불과하다. 그런데 수많은 여성들이 45%에서 마음에 드는 얼굴도 가진 남성들을 찾는 경우가 많다 보니 결혼이 쉽게 이루어지지 않고 있다.

　즉, 다시 말해 여성들이 과거보다 남성들의 외모를 보는 눈이 훨씬 높아져서 만족스럽지 않은 외모를 가진 남성들과 결혼하는 것을 기피하다 보니 결혼 건수가 감소했고, 이것이 저출산에 계속 영향을 주고 있었던 것이다.

외모를 보는 세상,
결혼 건수 감소를 일으키다

2024년, 연예계에서 유명한 스타가 된 남자 배우가 있다. 그는 바로 화제의 드라마 〈선재 업고 튀어〉에서 주인공 선재 역할로 수많은 여성들의 사랑을 받은 배우 '변우석'이다. 키 190cm, 잘생긴 얼굴로 누가 봐도 멋진 배우다.

그런데 이후 그의 팬미팅 예약을 위해서 웹사이트에 접속한 여성들의 숫자가 얼마인지 아는가? 놀라지 마시라. 무려 70만 명이었다.[12] 멋진 외모를 가진 그를 보기 위해 상상을 초월하는 숫자의 대한민국 여성들이 움직였던 것이다.

그렇다. 여성들은 남성보다 외모를 '덜' 보는 것이 아니라 '더' 본다. 키 크고 잘생긴 남자 연예인에게 열광하는 정도는 남성들이 예쁜 여성에게 열광하는 정도와 차원이 다르다.

여성들이 외모를 더 많이 보는 경향은 다른 분야를 봐도 마찬가지다. 옷을 사러 가도 남성들은 30분 안에 옷을 고르지만 여성들은 3시간 동안 고른다. 하나씩 입어보고 비춰보면서 잘 어울리는지 또는 디자인은 어떤지 꼼꼼하게 따진다. 카페를 가도 여성들은 실내 인테리어를 중요하게 본다. 즉, 어떤 대상의 외모를 따지는 것은 여성의 본능인 것이다.

그런데 왜 그동안 여성은 외모를 덜 본다는 잘못된 상식이 지배적이었을까? 간단하다. 여성이 결혼을 할 때, 남성의 외모를 포기하는 경향을 보였기 때문이다. 남성의 외모가 별로여도 직업이 괜찮고 연봉이 높으면 여성이 남성의 외모를 포기하고 결혼하는 경우가 실제로 많지 않았던가.

하지만 요즘은 다르다. 우리 주위에 보면 외모가 부족한 남성들이 결혼하는 경우가 있기는 하지만 이런 사례는 과거 할아버지, 아버지 세대보다 상대적으로 많이 줄었다. 이제는 여성들이 남성들의 키와 얼굴을 많이 보기 때문이다.

그럼 이제 한 가지 궁금해진다. 왜 요즘 여성들은 과거와 다르게 남성들의 외모를 포기하지 못하게 되었을까? 그것은 바로 여성들이 경제력을 갖게 되었기 때문이다.

과거 수십 년 전에는 여성들의 사회 진출이 활발하지 않았다 보니 여성들이 먹고 사는 데 필요한 돈을 벌 수 있는 기회가 적었다. 그렇다 보니 경제적 문제를 해결하기 위해서는 결혼으로 돈을 버는 남성들에게 의존할 수밖에 없었다.

즉, 과거에 결혼이 지금과 다르게 잘 이루어졌던 이유는 여성들에 대한 남성들의 경제적 우위가 확실했기 때문이다. 게다가 사회적으로도 남성은 '갑', 여성은 '을'이라는 인식이 만연했다 보니 결혼의 주도권도 남성들에게 존재했다.

덕분에 할아버지 세대, 아버지 세대에는 외모가 부족했던 남성들도 쉽게 결혼하고 모두 자녀를 얻을 수 있었다.

하지만 이제 세상은 완전히 달라졌다. 수십 년 전과 비교할 수 없을 만큼 여성들의 사회 진출이 활발해지면서 요즘은 남성들만큼 돈을 버는 여성들이 흔해졌고, 남성들보다 높은 연봉을 받는 여성들도 과거보다 훨씬 많아졌다.

그 결과, 여성들은 먹고 살기 위해 할머니 세대나 어머니 세대처럼 외모가 마음에 들지 않는 남성을 만나서 결혼할 필요가 없어졌다. 그런 남성과 결혼하지 않아도 자기가 일해서 버는 돈으로 충분히 먹고 살 수 있게 되었기 때문이다.

결국 남성의 경제적 우위를 바탕으로 진행되었던 결혼은 감소하기 시작했다. 할아버지 세대나 아버지 세대처럼 남성들이 외모가 별로더라도 직업을 가지고 돈만 벌면 여성들과 쉽게 결혼할 수 있었던 시대는 완전히 끝나버렸다.

그렇다 보니 우리가 주위에서 볼 수 있듯이 키가 작거나 못생긴 남성들은 과거보다 여성들을 만나기 어렵게 되었다. 이것이 우리나라에서 결혼 건수의 감소를 일으키고 있으며, 그 결과가 저출산으로 계속 이어지고 있는 것이다. 해결책이 없는 이 문제를 도대체 어떻게 하면 좋을까?

2장

경제력

어느 날, 재벌 2세가
당신에게 청혼을 한다면

과거 우리나라 드라마 중에 〈파리의 연인〉이라는 유명한 드라마가 있었다. 배우 박신양과 김정은이 출연했고, 최고 시청률은 57.6%를 찍은 전설의 드라마였는데 지금 이 책을 보고 있는 사람들이라면 대부분 기억하고 있을 것이다.

드라마 내용은 재벌 2세인 박신양이 가진 것 없는 평범한 여자 김정은에게 빠져서 둘이 사랑하는 이야기였다. 그런데 그때 여성 전용 포털 사이트 〈마이클럽〉이 드라마의 내용과 비슷하게 다음과 같은 설문조사를 실시했다.[13]

'능력은 없지만 사랑하는 남자친구가 있다. 그런데 어느 날, 재벌 2세가 당신에게 청혼을 한다면?'

이 흥미로운 설문조사의 결과는 과연 어땠을까? 우리나라 여성들의 대답은 바로 다음과 같았다.

- 사람만 괜찮으면 재벌 2세를 선택한다 (58%)
- 즉시 결정하지 못하고 잠시 갈등한다 (29%)
- 흔들리지 않고 남자친구를 선택한다 (13%)

그랬다. 결과는 재벌 2세의 승리였다. 특히 이 설문조사는 익명으로 진행되었다 보니 여성들의 솔직한 마음을 잘 보여주면서 당시 많은 온라인 커뮤니티에서 회자되었다.

다른 사례를 봐도 같다. 유명한 결혼정보회사 〈가연〉에서 '별로였던 이성의 첫인상을 뒤집는 반전 요소는?'이라는 주제로 설문조사 한 적 있었다. 그때 여성들이 선택한 요소들 중에서 1위를 차지한 요소는 '자동차'였다.[14]

조사 결과가 무엇을 뜻하는지는 쉽게 생각해 보면 된다. 여성이 소개팅에 나갔는데 키 작고 못생긴 남성이 나타났다. 그렇다 보니 실망한 여성은 바로 집에 가고 싶었지만 예의상 참았고, 시간이 지나서 집에 갈 시간이 찾아왔다.

그때 갑자기 남성이 집까지 태워주겠다는 말을 하고 자신의 차가 있는 주차장으로 여성을 안내했다. 그런데 그곳에서 반전이 생겼다. 알고 보니 남성의 차가 무려 3억 원이 넘는 고급 외제차였던 것이다. 바로 그 순간, 여성이 남성을 처음 봤을 때 가졌던 느낌, 다시 말해서 외모가 별로였던 남성의 첫인상이 완전히 달라진다는 것이다.

이처럼 여성은 경제력이 높은 남성에게 엄청난 매력을 느낀다. 일반인 남녀들이 출연하여 미팅을 하는 〈나는 솔로〉, 〈짝〉 같은 프로그램을 봐도 이런 현상은 흔하다.

위와 같은 프로그램에는 외모가 부족하거나 평범한 남성들이 자주 나온다. 그런데 나중에 자기 소개를 하는 시간에 남성의 직업이 변호사나 의사로 드러나면 여성들의 마음이 그 남성 쪽으로 바뀌는 사례들이 흔하지 않았던가.

다시 말해 돈, 차, 직업처럼 여성들이 좋아하는 것을 종합하면 그것은 바로 남성의 '경제력'이라고 할 수 있다.

여성이 남성의 경제력을 보는 이유

 남성들은 여성들이 경제력을 따지는 것을 안 좋은 쪽으로 보는 경향이 높다. 그런데 생각해 본 적 있는가? 여성이 왜 남성의 경제력을 그토록 중요하게 보는지 말이다.
 이 질문에 대한 답을 찾으려면 반대로 왜 남성이 여성의 나이를 중요하게 여기는지에 대해서도 생각해 봐야 한다. 두 가지 문제들 모두, 인간에게 오랫동안 가장 중요한 과제였던 '생존과 번식'의 문제에서 비롯된 것이니까.
 인간의 마음은 '진화'의 산물이다. 그렇다 보니 예를 들어 남성들은 결혼을 생각할 때, 본능적으로 나이 많은 여성들을 기피한다. 이유는 임신 확률이 낮고, 안정적인 출산을 통해 건강한 후손을 남길 확률도 낮기 때문이다.

그럼 바꿔 생각해 보자. 왜 여성은 경제력이 높은 남성을 만나려고 할까? 이것도 역시 '생존과 번식' 때문이다.

원시 시대의 여성은 임신을 하면 지금처럼 열 달 동안 배 속에서 아이를 키워야만 했다. 그런 과정에서 맹수들과 다른 인간의 공격으로부터 아이를 지켜야 했고, 둔해진 몸으로는 식량을 구하러 다닐 수 없었다. 그렇다 보니 여성은 사냥을 잘하고 식량도 잘 구하는 남성에게 자신을 맡겨야 했다.

즉, 인류가 탄생하고 오랫동안 진화하는 과정에서 여성이 경제력 있는 남성을 고르는 것은 자신의 생존과 후손의 번식을 안정적으로 이루는 유일한 길이었던 것이다.

인간과 유전자를 공유하고 있는 동물들의 세계를 보면 더 쉽게 이해가 된다. 예를 들면 미국 워싱턴 대학교 동물학자들이 암컷 새들에게 얼마나 보금자리가 중요한지 살펴보기 위해 수컷 새를 가지고 실험한 적이 있었다.[15]

그때 학자들의 실험 대상인 수컷 새는 넓고 좋은 보금자리를 갖고 있어서 암컷 새들에게 인기가 많았다. 바로 그런 수컷 새를 학자들이 거세해서 암컷 새들과 앞으로 짝짓기를 하는 것이 불가능하도록 만들어버린 것이다.

자, 이제 무슨 일이 생겼을까. 모든 암컷 새들이 번식할 수 없는 수컷 새를 떠났을까? 실험 결과는 흥미로웠다.

암컷 새들은 모두 수컷 새를 떠났다. 그런데 나중에 암컷 새들이 돌아와서 알을 낳고 부화시켜 새끼를 길렀다. 아니, 수컷 새를 거세해서 짝짓기를 할 수 없게 만들었는데 어떻게 암컷 새들이 알을 낳을 수 있었냐고? 놀랍게도 암컷 새들은 바깥의 다른 수컷들과 짝짓기를 한 후, 원래 수컷 새의 넓고 좋은 보금자리로 돌아와서 자녀를 낳고 길렀던 것이다.

자신과 후손의 안정적인 생존과 번식을 위해 새처럼 작은 동물의 암컷도 수컷이 넓고 비싼 집을 갖고 있는지, 아니면 좁은 고시원에 사는지 살펴보고 선택한다니. 동물과 인간이 정말 놀랍도록 똑같다는 것이 흥미롭지 않은가?

그렇다 보니 이런 원리로 인간 세계에서는 여성들이 남성들의 경제력을 보면서 결혼 건수가 감소하는 일이 발생한다. 이제 결혼정보회사의 현장으로 함께 가보도록 하자.

통계로 보는 이상적인 남성 배우자의 연봉

EBS 〈다큐 시선〉 '결혼 파업'의 장면. 한 결혼정보회사의 커플 매니저들이 열심히 미혼 여성들에게 전화를 돌리면서 주선을 위해 노력하고 있었다. 그때 한 커플 매니저가 여성 회원에게 하는 말이 들렸는데 내용은 다음과 같았다.[16]

"남자 회원 분은 대기업 계열사 인사팀, 연봉은 3천만 원 정도, A대학교를 졸업하셨고 가정적인 것 같아요. 아이들을 너무 좋아한다고 했거든요."

그때 이야기를 듣던 여성이 다음과 같이 대답했.

"아닌 것 같아요."

그 순간, 커플 매니저는 당황하면서 말했다.

"아닌 것 같아요? 프로필을 아직 다 안 들었는데 ……."

그러자 여성 회원은 더 들을 것도 없다는 식으로 매니저에게 다음과 같이 말했다.

"연봉도 너무 적고 ……."

그때 다른 남성과의 만남을 거절한 여성 회원이 있었는데 그녀도 커플 매니저에게 이유를 다음과 같이 말했다.

"연봉 3,800만원으로는 생활이 안될 것 같아요."

그렇다. 현실적으로 결혼이 잘 이루어지지 않는 두 번째 이유는 우리 모두 이미 잘 알고 있는 내용이다. 그것은 바로 여성들이 남성들에게 원하는 경제력이 높기 때문이라고 할 수 있다. 첫 번째 남성은 연봉 3,000만 원, 두 번째 남성은 연봉 3,800만 원이었지만 여성들은 거절했다.

그럼 우리나라 여성들이 원하는 남성의 연봉은 얼마일까? 결혼정보회사 〈듀오〉에서 발표한 '이상적인 배우자상' 자료를 보면 한국 여성들이 결혼을 생각할 때 남성들에게 원하는 평균 연봉은 무려 6,000만 원으로 드러났다.[17]

그런데 평균이 아니라 가장 많은 여성들이 원했던 남성의 연봉 1위 구간은 어디인지 아는가? 정답은 다음과 같다.

'7,000만 원 이상'

이 책을 읽고 있는 미혼 남성들은 조사 결과를 부정하고 싶을지도 모른다. 한 달에 무려 500~600만 원을 벌어야만 여성들의 눈높이를 맞출 수 있으니 말이다.

하지만 위의 결과는 안타깝게도 우연이 아니다. 결혼정보회사 〈가연〉의 조사 결과도 비슷했다. 이 조사에서 여성들이 원하는 남성 연봉의 1위 구간은 다음과 같았다.[18]

'6,000만 원 ~ 1억 원'

이처럼 여성들이 바라는 남성들의 연봉은 보통 수준보다 훨씬 높다. 그렇다 보니 결국 문제가 발생한다.

연봉 6,000만 원, 다시 말해 월 500만 원 이상 버는 30대 결혼적령기 남성들의 비율은 얼마나 될까? 30대의 나이에 이런 수입을 얻으려면 전문직이거나 또는 대기업에 다니고 있어야 하는데 이들은 정말 극소수에 불과하다.

이뿐만 아니라 통계청 자료를 보면 우리나라 30대 남성들의 평균 월 소득은 약 400만 원, 중위 소득은 이보다 낮은 300만 원이다. 평균이 중위 소득보다 높은 것은 소수의 전문직, 대기업 남성들 때문이니 실제로는 200~300만 원이 결혼적령기 남성들의 월 평균 소득이라고 할 수 있다.

다시 말해 여성들이 원하는 고소득의 남성은 정말 소수에 불과하고, 현실에서는 통계처럼 월 200~300만 원을 버는 평범한 남성들이 대부분이라고 할 수 있다.

그런데 이런 대다수의 남성들은 여성들의 눈높이에 만족스럽지 않으니 결혼이 잘 이루어질 수 있겠는가? 결혼 건수 감소에는 바로 이런 점이 작용하고 있었던 것이다.

아내의 수입이 남편보다
많으면 벌어지는 일

여성이 남성의 경제력을 높게 보는 것만큼 결혼을 방해하는 장애물이 한 가지 더 있다. 과연 그것은 무엇일까? 다음 예시를 보면 쉽게 정답을 알 수 있을 것이다.

구독자 100만 명이 넘는 유명한 인터뷰 전문 유튜브 채널 〈직업의 모든 것〉에 30대 여성이 출연한 적 있었다.

그때 월 소득으로 400만 원을 벌고 있었던 여성과 인터뷰 진행자가 나누었던 대화는 다음과 같았다.[19]

"(진행자) 그럼 지금 월 400만 원을 벌고 있으니 적어도 남자는 월 500~600만 원은 벌어야 되지 않을까요?"

"그래도 좋고요. 똑같이 400만 원을 벌어도 괜찮아요."

그 순간, 인터뷰 진행자가 예리한 질문을 던졌다.

"만약 남자가 월 200만 원을 번다면요?"

자, 이때 여성은 어떻게 대답했을까? 우리 모두 예상하고 있는 것처럼 그녀의 대답은 다음과 같았다.

"그건 조금 ……."

위의 인터뷰 결과는 우연이 아니다. 유명한 결혼정보회사 〈비에나래〉, 〈온리유〉에서 재미있는 설문조사를 했던 적이 있었다. 남녀에게 다음과 같은 질문을 던졌던 것이다.[20]

'아내의 수입이 남편보다 많으면 어떻게 생각하나요?'

이 주제에 대해서 우리나라 여성들은 뭐라고 응답했을까? 선택 항목 중 1위, 2위를 차지한 것은 다음과 같았다.

'부자연스럽다'
'결혼할 필요성을 못 느낀다'

그랬다. 흥미롭게도 여성들은 남성이 자기보다 돈을 적게 벌면 부자연스럽고 결혼할 필요를 못 느낀다고 말했다. 자기보다 돈을 못 버는 남성은 좋아하지 않았던 것이다.

여성에게는 '상향혼' 본능이라는 것이 있다. 자기보다 위쪽에 있는 남성과의 결혼을 원하고, 아래쪽에 있는 남성과는 결혼하려고 하지 않는다. 그래서 자기보다 소득이 높은 남성을 원하고, 자기보다 소득이 낮은 남성은 피한다.

안타까운 것은 이런 본능 때문에 결혼적령기 30대 여성의 경우, 승진하고 연봉이 높아질수록 남성의 조건을 보는 눈도 올라가서 결혼하기 힘들어진다는 점이다. 남성은 승진하고 월급이 많아질수록 결혼이 더욱 쉬워지는데 말이다. 이처럼 남녀가 다르다는 사실이 정말 흥미롭지 않은가?

대기업 여성은
왜 9급 공무원을 기피하는가

앞서 소개했던 유명한 인터뷰 전문 유튜브 채널 〈직업의 모든 것〉에서 대기업에 다니는 여성을 인터뷰한 적 있었다. 그때 인터뷰 진행자가 여성에게 배우자로 9급 공무원 남성은 어떤지 묻자, 여성은 다음과 같이 말했다.[21]

"9급 공무원도 괜찮다고 생각하는데 어 ……."

그때 말투와 표정을 보고 진행자가 이렇게 말했다.

"안 괜찮은 것 같은데요?"

그러자 정곡을 찔렸던 여성은 바로 말하지 못하고 시간이 지연되는 듯한 모습을 보이면서 이렇게 말했다.

"괜찮은데 어 ……. 그런데 저희랑 받는 연봉에서 너무 차이 나고 ……. 저희는 성과급도 한 번 나오면 1천만 원, 2천만 원 이렇게 나오는데 ……."

이제 확실하게 알겠는가? 여성들은 자기보다 소득이 낮은 남성을 좋아하지 않는다. 이런 본능 때문에 대기업에 다니는 여성은 9급 공무원 남성과의 결혼을 기피했던 것이다.

요즘 여성들은 교육을 잘 받아서 대기업 직원처럼 소득이 높은 직업을 가지는 경우가 많다. 그런데 놀랍게도 여성들은 사회적 지위와 소득이 높아지면 바로 위의 사례처럼 남성의 조건을 보는 눈도 함께 높아져서 결혼이 힘들어진다.

이뿐만이 아니다. 고소득 직업군에서 여성들이 차지하는 비율이 증가한 것도 결혼 건수 감소에 영향을 주었다.

예를 들어보자. 변호사 및 의사는 1년에 수억 ~ 수십억을 버는 고소득 직업군이다. 그런데 수십 년 전과 달리 수많은 여성들이 변호사 및 의사가 되면서 저런 엄청난 수입을 갖게 되었다. 그런데 이런 수입을 버는 변호사, 의사 여성들이 월 300만 원을 버는 평범한 남성과 결혼하겠는가?

앞에서 대기업에 다니는 여성이 9급 공무원 남성을 기피했던 것처럼 여성은 자기보다 수입이 적은 남성과 결혼하지 않는다. 반대로 여성들은 최소한 자신과 수입이 비슷하거나 항상 자기보다 월 수입이 많은 남성을 원한다.

이런 점에서 남녀는 반대라고 할 수 있다. 예를 들어보자. 연봉 1억을 받는 남성은 연봉 3,000만 원을 받는 여성과도 결혼한다. 심지어 마음에 들면 돈이 없는 여성과도 결혼하는 것이 남성이다. 하지만 반대로 연봉으로 1억을 받는 여성은 연봉 3,000만 원을 받는 남성과 절대 결혼하지 않는다.

그렇다 보니 여성들이 대기업이나 전문직 등 고소득 직종에서 많이 일하게 될수록 남성들의 경제력을 보는 눈이 함께 높아져서 아이러니하게도 결혼 건수가 감소한다.

마지막으로 여성들이 남성의 수입뿐만 아니라 직업까지 따지는 것도 결혼 건수 감소에 큰 영향을 주었다. 예를 들면 에어컨 설치 기사들 중에 자신이 직접 일을 담당하는 대표의 연봉은 억 대다. 실제로 이들은 직업 체험 전문 유튜브 채널 〈워크맨〉을 통해 바쁜 여름에는 한 달에 3천만 원을 벌기도 하는 것으로 나타나서 화제가 되기도 했다.[22]

그런데 여기서 한번 생각해 보자. 대기업에 다니는 여성, 의사 여성이 연봉 1억 이상을 버는 에어컨 설치 기사 남성과 결혼을 할까? 모두 알다시피 당연히 결혼하지 않는다.

결국 정리를 해보면 여성들의 사회 진출이 활발하여 소위 괜찮은 직업을 많은 여성들이 차지하게 될수록, 흥미롭게도 결혼 건수가 많이 감소하면서 그로 인해 저출산이 발생한다. 여성들은 자기보다 소득과 사회적인 지위가 낮은 남성들과 절대 결혼하지 않는 본능을 갖고 있기 때문이다.

여성들의 사회 진출이 활발하지 않은 아프리카의 나라들은 저출산 문제가 없지만 우리나라를 포함하여 OECD 경제 선진국들은 모두 결혼 건수 감소와 그로 인한 저출산을 겪고 있는 결정적인 이유가 바로 이것이라고 할 수 있다.

남성들은 자기보다 소득과 사회적 지위가 낮은 여성과도 결혼하지만 여성들은 자기보다 소득과 사회적 지위가 낮은 남성과는 결혼하지 않으니, 여성들이 활발하게 일하고 돈을 버는 선진국들의 저출산은 피할 수 없는 운명인 것이다.

남성의 소득별 혼인율과 불편한 진실에 대하여

남성 임금 근로자 소득별 혼인율 통계

- 10분위 : 86.3%

- 9분위 : 80.2%

- 8분위 : 70.3%

- 7분위 : 62.4%

- 6분위 : 52.1%

- 5분위 : 47.8%

- 4분위 : 38.8%

- 3분위 : 40.9%

- 2분위 : 33.7%

- 1분위 : 20.3%

왼쪽 통계는 볼 때마다 놀라운 '남성 임금 근로자 소득별 혼인율'이다. 남성은 소득이 많은 10분위로 갈수록 결혼을 하고 소득이 적은 1분위로 갈수록 결혼하지 못한다. 경제력 없는 남성들은 여성들에게 외면당하는 것이다.

반면 여성들은 소득 수준과 혼인율이 전혀 관계가 없다. 실제로 통계를 보면 수입이 적은 1분위 여성이 10분위 여성보다 결혼을 더 한다. 남성은 여성이 돈이 없어도 자기 눈에 예쁘고 마음에 들면 결혼을 하기 때문이다.

그럼 이제 한 가지 궁금해진다. 수십 년 전에는 남성들이 돈을 적게 벌든지 많이 벌든지 대부분 결혼했었는데 그때는 어떻게 그것이 가능했을까? 답은 간단하다. 할머니 세대는 사회 진출이 적다 보니 수입이 없는 경우가 많았다. 따라서 돈을 버는 남성과 결혼하는 것이 생존에 필수였다.

하지만 현대 사회는 달라졌다. 여성들의 활발한 사회 진출로 인해 남성만큼 수입을 얻는 여성들이 많아졌다. 그리고 교육 수준의 향상으로 고소득 직업, 예를 들면 의사, 변호사 같은 직종에서도 여성들을 많이 볼 수 있게 되었다. 그 결과, 오히려 남성들보다 수입이 많은 여성들도 흔해졌다.

바로 이런 변화들 때문에 현대 사회에서는 결혼 건수 감소가 벌어졌다. 요즘 여성들이 할머니 세대와 다르게 스스로 먹고 살 수 있는 경제력을 갖추게 되었다 보니 생존을 위해 억지로 남성과 결혼하는 일이 줄었기 때문이다.

위와 같은 원리들을 이해했다면 한 가지 흥미로운 가정도 해볼 수 있다. 만약 모든 여성들이 의사라면 과연 무슨 일이 벌어질까? 그렇다. 의사인 여성들의 눈높이를 맞출 수 있는 남성들이 별로 없다 보니 결혼이 거의 사라지게 된다.

그럼 다른 가정도 해보자. 모든 여성들이 사회에 나와서 일을 하고, 반면 남성들은 사회 진출이 막혀서 직업도 없고 수입이 없게 된다면 과연 무슨 일이 벌어질까? 재미있게도 결혼이 완전히 사라진다. 여성들은 자기보다 수입이 적거나 사회적 지위가 낮은 남성과 결혼하지 않기 때문이다.

자, 그럼 어떻게 하면 저출산이 해결될까? 답은 간단하다. 여성들의 사회 진출을 막고, 직업을 가질 수 없도록 만들면 된다. 이렇게 하면 여성들이 차지하고 있는 많은 직업 중에 고소득 직업군, 예를 들자면 의사, 변호사, 대기업 직원 등의 많은 일자리를 모두 남성들이 갖게 될 것이고, 그로 인해서 여성들이 바라는 경제력을 갖춘 남성들이 지금보다 훨씬 더 많아지면서 결혼 건수가 증가하고 출산이 늘어난다.

이뿐만 아니다. 여성들이 직업을 못 갖게 되면 돈이 전혀 없다 보니 외모가 별로더라도 수입이 있는 남자라면 반드시 만나서 결혼을 해야 생존할 수 있는 상황에 놓인다.

그렇다 보니 할아버지 세대처럼 외모가 부족한 남성들도 누구나 결혼할 수 있는 세상이 다시 찾아오게 되고, 덕분에 결혼 건수의 증가로 저출산 문제가 완벽하게 해결된다.

하지만 한 가지 문제가 있다. 저출산 문제를 해결하기 위해서 여성들의 사회 진출을 봉쇄하는 것이 옳은 방법일까? 논리적으로는 분명히 저출산에 대한 해결책이 될 수 있지만 현실적으로 맞지 않고, 윤리적으로도 올바르지 않다.

그래서 우리는 여성의 사회 진출을 문제로 삼을 수 없다. 대신 돈을 많이 벌고 사회적 지위가 높아질수록 남성의 경제력과 직업을 보는 눈이 올라가도록 설계된, 자기보다 수입이 적거나 직업이 안 좋은 남성과는 결혼을 하지 않도록 설계된 여성의 신기한 유전자를 원망해야 할 것이다.

3장
성형

자연 미인 - VS - 성형 미인

　　대학생 시절, 우리나라에서 유명했던 여자 아이돌 그룹이 있었다. 그런데 어느 날, 온라인 커뮤니티에 네티즌이 해당 아이돌 걸그룹 멤버들의 성형 전 사진들을 올렸다.
　　그때 필자는 입을 다물지 못했다. 게시물에는 각 멤버의 성형 전 사진들이 포함되어 있었는데 모두 지금과 너무 다른 얼굴을 갖고 있었기 때문이다. 이런 생각이 들 정도였다.
　　'정말 사진 속의 사람들이 지금 내가 알고 있는 그 아이돌 걸그룹 멤버들과 동일한 사람들이란 말인가?'

　　믿기 어려웠지만 사진을 하나씩 살펴보니 분명히 동일한 인물이었다. 그런데 변화를 살펴보니 정말 신기할 정도였다.

주걱턱이 예쁘게 다듬어지고, 작았던 눈이 쌍꺼풀과 함께 커지는 등 멤버들이 성형 받은 부위가 서로 달랐음에도 성형이 잘되어서 모두 예뻐지고 '여신'이 되었던 것이다.

그때 필자는 갑자기 궁금해졌다. 우리나라 아이돌 걸그룹뿐만 아니라 예쁜 여자 연예인들 중 성형한 여성들의 비율은 얼마나 될까? 이 호기심에 하루 종일 여자 연예인들의 성형 전 사진을 검색하면서 필자는 할 말을 잃고 말았다.

그동안 '자연 미인'으로 생각한 여자 연예인들의 99%가 모두 성형으로 만들어진 '성형 미인'들이었던 것이다.

그렇다. 우리나라는 모두가 알듯이 세계 1위 성형 국가다. 여자 연예인들은 대부분 성형했고, 길거리를 조금만 걸어도 성형한 여성들을 주위에서 정말 쉽게 찾아볼 수 있다.

심지어 과거에는 보통 대학생이 될 때 쌍꺼풀 수술을 했는데, 요즘은 중학생 시절이나 고등학교에 진학할 때 쌍꺼풀 수술을 할 만큼 성형을 하는 시기도 매우 빨라졌다.

성형 비율도 상상을 초월한다. 이미 2007년에 서울 및 경기도 지역의 20대 여성들을 대상으로 한 조사 결과, 무려 62%의 여성들이 성형을 했다고 응답한 놀라운 조사 결과가 있을 정도다.[23] 그로부터 세월이 꽤 흘렀으니 수도권의 20대 여성 기준으로 성형한 비율은 더욱 높아졌을 것이다. 쌍꺼풀 수술 같은 경우는 75% 이상은 한 것 같다.

이처럼 세계 모든 나라의 여성들을 대상으로 성형 여부를 묻는 전수 조사가 없어도 우리는 체감적으로 한국 여성들의 성형 비율이 세계 1위라는 사실을 잘 알고 있다.

특히 다른 나라로 해외여행을 많이 다녀봤던 사람들은 잘 안다. 세계의 어떤 나라를 가도 우리나라처럼 성형을 많이 하는 나라는 찾아볼 수 없다. 심지어 서울의 강남과 압구정, 이태원, 청담동, 신사동 가로수길과 같은 번화가들을 가보면 90% 이상의 여성들이 성형했으니 정말 놀랍지 않은가.

그런데 필자는 지금부터 한 가지 흥미로운 이야기를 해보려고 한다. 만약 성형을 해서 예뻐지는 여성들이 많아질수록 그 나라가 결혼 건수 감소를 겪어서 저출산으로 무너진다면 당신은 과연 믿을 수 있겠는가? 이제 성형에 대해 지금까지 볼 수 없었던 놀랍고 재미있는 이야기들을 소개하겠다.

성형으로 예뻐지면
눈이 높아지는 이유

재미있는 질문을 해보겠다. 만약 여러분이 평범한 여성이었는데 성형을 하고 나서 '여신'이라는 소리를 들을 정도로 예뻐졌다고 가정해 보자. 그럼 남성의 외모나 경제력을 보는 눈높이는 성형을 하기 전과 같을까, 다를까?

당연히 다르다. 예쁜 여성들은 평범한 여성들보다 남성의 조건을 보는 눈이 훨씬 높기 때문이다. 관련된 연구 결과를 지금부터 함께 살펴보면 더욱 이해가 쉬울 것이다.[24]

세계적으로 유명한 심리학자인 미국 텍사스대학교의 데이비드 버스 교수가 여성들이 원하는 남성의 조건에 대해서 조사한 적이 있었다. 그 조건에는 외모와 경제력을 포함하여

18가지 조건들이 있었다. 그런데 조사를 하자, 높은 조건을 원하는 여성들과 평범한 조건을 원하는 여성들이 나타났다. 그런데 이 차이를 결정한 요소는 바로 다음과 같았다.

'여성의 외모'

이게 도대체 무슨 말이냐고? 간단하다. 정말 흥미롭게도 예쁜 여성들이 보통 이하의 외모를 가진 여성들보다 남성의 모든 조건을 보는 눈높이가 훨씬 높았던 것이다.

그럼 여기서 한 가지 더 궁금해진다. 왜 예쁜 여성들은 평범한 외모를 가진 여성들보다 남성의 조건을 보는 눈이 높았을까? 그것은 바로 예쁜 여성들의 눈높이에 결정적 영향을 주는 요소가 다음과 같은 것이기 때문이다.

'살면서 남성들에게 얼마나 많은 관심을 받았는가'

그렇다. 재미있게도 여성은 남성들에게 많은 관심을 받은 경험을 가질수록 남성의 조건을 더욱 따지게 된다.

원리는 간단하다. 예를 들어보자. 여러분이 만약 예쁜 여성이라면 거리에서 어떤 일이 벌어질까? 밖에 나갈 때마다 많은 남성들이 다가와서 이런 말을 던질 것이다.

"저기요. 지나가다가 봤는데 제 이상형이라서 …… 번호 좀 알려주실 수 있을까요?"

바로 이것이다. 예쁜 여성은 거리에서 수많은 남성들에게 자신의 이상형이라는 말을 들으면서 엄청난 관심을 받는다. 그런데 이런 일이 거리에서만 벌어질까? 그렇지 않다. 예쁜 여성은 어떤 장소에 가더라도, 인스타그램 같은 SNS에서도 외모 덕분에 항상 많은 남성들로부터 관심을 받는다.

즉, 예쁜 여성은 20대 젊은 시절에 남녀관계에서 '갑'으로 군림하면서 모든 남성들이 자신을 공주처럼 대접해 주는 경험을 겪는다. 그래서 돈이 많은 남성, 키 크고 잘생긴 남성, 직업이 좋은 남성 등 스펙이 좋은 남성들만 골라서 만난다. 그런 일들을 20대에 계속 겪으니 어떻게 될까? 결국 남성의 조건을 보는 눈이 매우 높아지는 것이다.

그런데 한 가지 생각해 볼 점이 있다. 그럼 예쁜 여성들의 예쁜 외모는 무엇에 의해서 만들어졌는가? 그것은 성형으로 만들어졌다. 실제로 타고난 자연 미인은 극소수에 불과하다. 여러분이 초등학교 졸업 앨범을 보면 알겠지만 예쁜 여학생들은 100명 중 1명 있을까 말까 하는 정도다.

즉, 우리가 여자 연예인들 또는 주위에서 예쁜 여성들을 보고 알 수 있는 것처럼 예쁜 여성들은 전부 성형했다. 다시 말해 예쁜 여성들이 남녀관계에서 누리는 이익은 모두 성형에서 비롯된 것이고, 자신이 성형으로 얻은 혜택만큼 남성의 조건을 보는 눈이 비정상적으로 높아지는 것이다.

특히 성형으로 예뻐진 덕분에 돈이 많은 남성들을 만났던 여성들은 30대가 되어서 결혼정보회사에 가도 눈을 낮추지 못한다. 앞에서 소개했던 유명한 결혼정보회사 〈지노블〉의 권민정 부대표는 회사 유튜브 채널 〈척언니〉를 통해 자신의 경험담을 다음과 같이 생생하게 말한 적 있었다.[25]

"누가 봐도 인스타그램에서 명품백을 들고 사진 찍는 여자처럼 생긴 분이었어요. 키도 크고 예쁘게 생겼죠. 그런데 와서 저한테 돈이 많은 남성들을 꼭 소개해달라는 거예요. 자기는 그동안 재력이 엄청난 자산가들을 만났다고 하면서요. (중략) 이것처럼 결혼정보회사에서 돈 많은 남자들을 찾는 여자들의 특징이 뭔지 아세요? 성형을 많이 했다는 거예요."

외모로 많은 돈을
벌 수 있는 시대

앞서 봤듯이 성형을 해서 예뻐진 여성들은 남성들에게 엄청난 관심과 함께 물질적 투자를 받으면서 화려한 삶을 살게 되고, 이것은 재미있게도 성형을 한 여성의 눈이 높아지도록 만들어서 결국 미래에 결혼하는 것을 어렵게 만든다.

그런데 성형이 초래한 문제는 이것뿐만 아니다. 성형으로 예뻐진 여성들은 정말 쉽게 많은 돈을 번다. 가장 대표적인 사례가 바로 '인플루언서'라고 할 수 있다.

인플루언서는 인스타그램 같은 SNS를 통해 활동하는데 우리가 잘 알다시피 주로 광고 협찬으로 먹고 산다. 팔로워 숫자가 많을수록 유명한 인플루언서가 되고, 그런 사람에게 많은 업체에서 온라인 광고를 부탁한다.

예를 들면 유명한 호텔 같은 곳에서 광고를 맡기는 경우, 인플루언서 여성은 호텔에 무료 여행을 가서 1박 2일 동안 놀고는 사진과 영상을 찍어서 자신의 인스타그램에 올린다. 그리고 광고 비용으로 몇백만 원의 돈을 받는다.

이런 식으로 인플루언서 여성들은 호텔뿐만 아니라 카페, 음식, 의류, 각종 미용 제품 등 수많은 광고를 통해 한 달에 몇천만 원을 번다. 성형으로 예뻐지면 남성들에게 엄청난 관심과 물질적 투자를 받는 것도 모자라서, 계속 많은 광고로 매달 수천만 원의 엄청난 돈을 버는 것이다.

유튜버는 또 어떤가? 유튜브에는 수많은 여성 유튜버들이 존재하는데 이들의 대부분은 우리가 보는 영상에서 확인할 수 있듯이 성형한 여성들이다. 그리고 이들은 예를 들면 음식을 맛있게 많이 먹는 방송인 '먹방'을 통해 1년 동안 수억에서 수십억을 번다. 정말 놀랍게도 예쁜 여성들의 밥 먹는 영상을 즐겨보는 남성들이 많기 때문이다.

이외에도 얼굴과 가슴을 모두 성형하고 여행이나 캠핑을 다니거나 낚시하는 여성들, 야한 춤을 추는 영상을 보여주는 여성 유튜버들의 영상 조회 수와 수입도 엄청나다.

그중에서 요즘 가장 유명한 것이 있다. 팬트리, 온리팬스, 패트리온 등의 웹사이트를 통해 성형한 여성 유튜버들이 자신의 야한 영상과 사진을 파는 것이다. 예를 들면 소위 '룩북 유튜버'라고 불리는 여성들이 있는데 이들은 얼굴과 가슴을 모두 성형했고, 속옷만 입은 채로 여러 가지 옷을 입고 벗으면서 착용하는 영상을 유튜브로 보여준다.

하지만 이런 영상들은 선정적이어서 유튜브 정책을 심각하게 위반하다 보니 해당 영상에는 유튜브 계정의 주인만 볼 수 있는 '노란 딱지'라는 것이 붙게 된다. 그 결과, 여성들은 속옷을 입은 영상으로 돈을 버는 일이 불가능해진다.

그렇다 보니 룩북 유튜버들은 대부분 유튜브로 수입을 창출할 수 없어서 다른 전략으로 돈을 번다. 그것이 바로 앞서 언급했던 팬트리, 온리팬스, 패트리온 등의 웹사이트를 통해 남성들에게 매달 일정한 금액의 구독료를 받고 자신의 야한 영상과 사진을 파는 방식이라고 할 수 있다.

즉, 이들은 유튜브나 인스타그램을 통해서 맛보기 영상과 사진을 보여주고, 링크를 통해 자신의 웹사이트에 들어오게 만드는 것이다. 그리고 웹사이트에는 이런 문구가 있다.

'오빠들을 위한 VIP 영상과 사진'

이제 알겠는가? 유튜브나 인스타그램의 노출하는 영상과 사진은 미끼다. 그것을 바탕으로 많은 남성들을 모은 다음에 더욱 자극적인 영상과 사진을 구매하도록 유도한다. 비용은 한 달에 최소 10만원에서 최대 100만원 이상까지 다양한데 수많은 남성들에게 인기가 좋다 보니 수입이 엄청나다.

실제로 유명한 여성 A씨는 방송 중 자신이 팬트리를 통해 벌어들인 2년 동안의 수입을 직접 스마트폰 화면으로 보여줘서 화제가 된 적 있었다. 2년 동안 그녀가 직접 벌어들인 수입이 놀랍게도 다음과 같았기 때문이다.[26]

'26억'

그렇다. 얼굴, 가슴을 성형하고 온라인으로 야한 영상과 사진만 판매해도 연 10억 이상 벌 수 있는 시대가 도래했다. 저렇게 돈을 버는 여성들이 너무 많아서 셀 수 없을 정도다. 그런데 여성은 자기보다 돈을 못 버는 남성과 절대 결혼하지 않는다. 그러니 도대체 무슨 일이 벌어지겠는가? 결혼 건수 감소로 저출산이 악화될 수밖에 없는 것이다.

한 달에 수천만 원을 버는 텐프로 이야기

성형하고 나서 돈이 많은 남성들에게 술을 따라주고 같이 대화만 해주어도 한 달에 수천만 원을 벌 수 있다면 당신은 믿을 수 있는가? 실제로 그런 일이 벌어지는 룸살롱이 있다. 우리가 흔히 알고 있는 그런 룸살롱이 아니라 소위 '텐프로'라고 불리는 룸살롱에서 벌어지는 일이다.

텐프로가 세상에 잘 알려지게 된 것은 마약 사건들 때문에 뉴스 보도가 되면서였다. 그렇다 보니 이미 잘 알고 있는 사람들도 있겠지만 텐프로는 남자 연예인, 운동 선수, 의사, 법조인, 기업가를 비롯해서 돈이 많은 남성들이 방문하는데 회원제로만 운영하다 보니 일반인들은 방문할 수 없다. 먼저 그곳을 갔던 남자 회원의 추천을 받아야 갈 수 있다.

여기서 갑자기 한 가지 궁금해진다. 왜 재력을 가진 남성들은 다른 룸살롱을 놔두고 이곳을 다닐까? 답은 간단하다. 텐프로에서 일하는 여성들의 외모가 여자 연예인만큼이나 예쁘기 때문이다. 무슨 말이냐 하면 여자 연예인처럼 텐프로 여성들도 얼굴과 가슴을 성형했다는 것이다.

'텐프로는 혀만 빼고 다 성형한다'는 말이 있을 정도로 이 세계의 여성들은 전부 성형으로 만들어졌다. 그리고 성형을 많이 해도 소위 '대박'이 난 경우만 텐프로가 된다.

여자 연예인들을 보면 정말 신기할 정도로 성형했던 티가 별로 안 나면서 고급스럽게 예뻐진 사례들이 있지 않은가? 바로 그런 수준의 여성들이 텐프로에서 일한다고 보면 된다. 즉, 그만큼 예쁜 여성들과 술을 마시면서 함께 시간을 보내려고 돈이 많은 남성들이 텐프로를 찾아간다.

이처럼 재력을 가진 남성들이 찾다 보니 텐프로는 기존의 일반적인 룸살롱과 비용부터 다르다. 이미 언론에 보도가 되어서 알려졌지만 텐프로에서는 남성들이 술값으로 하루에 1,000만 원 이상을 지출한다. 이처럼 재력을 가진 손님들과 상상을 초월하는 술값 덕분에 텐프로에서 일하는 여성들의 수입은 엄청나다. 텐프로 여성들이 해외에서 원정 도박을 하다가 적발된 적 있었는데, 그때 언론을 통해 밝혀진 텐프로 여성들의 월 수입은 놀랍게도 다음과 같았다.[27]

'5,000 ~ 6,000만 원'

언론에서 보도한 것처럼 텐프로 여성들의 수입은 한 달에 보통 수천만 원이다. '에이스'로 불리는 연예인 급의 여성은 한 달에 최소 5,000만 원 이상 벌고, 에이스가 아니더라도 예쁜 외모 덕분에 월 평균 2,000 ~ 3,000만 원을 번다.

그런데 어떤 원리로 이런 엄청난 돈을 벌 수 있을까? 당연한 말이지만 가게에서 받는 월급만으로 저렇게 벌 수 없다. 텐프로 여성들의 수입원 중 대부분은 바로 돈이 많은 남자 손님들이 따로 주는 엄청난 돈에서 나온다.

텐프로는 공식적으로 2차 성매매가 존재하지 않다 보니 여성과 진도를 나가고 싶으면 손님이 알아서 돈을 투자해야 한다. 그런데 부자 남성들만 텐프로를 가다 보니 이곳에서는 엄청난 돈이 오고 간다. 앞서 언급한 텐프로 여성들의 해외 원정 도박 사건도 어떻게 일어났는지 아는가? 텐프로 여성 3명이 손님에게 무려 9억을 받았기 때문이다.

실제로 이들이 얼마나 예쁘고 몸매가 좋은지 보고 싶으면 서울의 강남, 압구정, 신사동 가로수길 등을 주말에 가서 구경하면 된다. 텐프로는 주말에 공식적으로 영업하지 않는다. 그래서 텐프로 여성들은 주말마다 번화가를 찾아서 자신의 외모를 보고 말을 거는 남성들의 관심을 즐긴다.

결론적으로 텐프로는 여성들이 얼굴과 가슴을 성형해서 예뻐지면 얼마나 경제적으로 엄청난 이익을 얻게 되는지를 잘 보여주는 중요한 사례라고 할 수 있다.

텐프로 여성들은 월 몇천만 원의 수입을 세금도 안 떼고 현금으로 받는다. 그렇다 보니 세후 연봉이 아닌 세전 연봉으로 치면 10억 이상 번다. 성형한 얼굴과 가슴으로 부유한 남성들의 마음을 사로잡아서 엄청난 돈을 버는 것이다.

혀 빼고 전부 성형한다는 텐프로의 여성들. 눈, 코, 윤곽, 가슴까지 모두 성형해서 여성들이 정말 상상을 초월할 만큼 예뻐지면 무슨 일이 벌어지는지 알겠는가?

대한민국 상위 1%
연봉을 벌 수 있는 직업

성매매. 텐프로만큼 어두운 세계의 이야기이지만 이것에 대해 자세하게 말하지 않으면 성형과 저출산의 관계를 설명할 수 없다. 왜냐하면 성형 때문에 수많은 여성들이 얼굴과 몸매를 활용해서 엄청난 돈을 만지게 되었고, 그로 인해 결혼할 필요성을 못 느끼게 되었을 뿐만 아니라 눈이 높아져서 결혼을 하지 못하게 되었기 때문이다. 성매매도 이런 현상의 중심에 있다 보니 이야기를 해보려고 한다.

먼저 여러분은 성매매 여성이 한 달에 얼마 버는지 생각해 본 적 있는가? 답을 알고 나면 놀랄 것이다. 상상을 초월하기 때문이다. 그럼 먼저 오피스텔에서 이루어지는 유명한 성매매인 '오피'에서 일하는 여성들의 수입을 보자.

인터넷과 유튜브에는 현직 오피 성매매 여성, 과거에 오피에서 일을 했던 여성들이 자기 수입을 인증하는 자료들이 많다. 그중에서 가장 유명한 자료는 바로 어느 오피 여성이 자신의 한 달 수입을 인증해서 커뮤니티에 올린 자료였는데 그것에 따르면 월 수입은 다음과 같았다.[28]

'15,067,000원'

그렇다. 월 1,500만 원. 이 엄청난 금액이 성매매 여성의 월 수입이었다. 현직 성매매 여성들이 활동하는 커뮤니티에 올라와서 인터넷에 퍼졌던 유명한 글을 봐도 월 수입은 크게 다르지 않다. 해당 글의 핵심 내용은 다음과 같았다.[29]

'22일 동안 일하고 1,626만 원을 벌었어요.'

경찰에 단속된 사례를 보면 더욱 놀랍다. 2015년, 부산의 오피가 단속된 적 있었는데 조사해 보니 가장 인기가 많았던 여성의 하루 수입은 120만 원으로 드러났다.[30] 그런데 10년 사이에 성매매 여성들이 받는 금액이 올랐으니 요즘은 위와 같이 하루 100만 원 이상 벌면서 월 2,000만 원 이상 버는 여성들이 과거보다 훨씬 많아졌다고 할 수 있다.

실제로 검색을 해보면 오피 요금은 약 20만 원 이상인데 여기서 여성이 1회 평균 15만 원을 받는다고 한다. 즉, 하루 평균 5명씩 20일 동안 상대하면 월 1,500만 원이다. 그런데 외모가 좋은 여성들은 플러스 금액이라는 것이 높게 붙어서 1회에 평균 20 ~ 30만 원을 벌기 때문에 소위 '에이스'라고 불리는 여성들은 월 2,000 ~ 3,000만 원을 번다.

그런데 성매매는 불법이기 때문에 현금으로만 거래되고, 여성들도 현금만 받는다. 그럼 연봉으로 얼마인지 아는가? 최소 월 1,500만 원 ~ 최대 3,000만 원을 기준으로 계산해보면 1억 8천 ~ 3억 6천이다. 놀랍게도 우리나라 상위 1% 부자들의 연봉과 똑같은 금액을 벌고 있었던 것이다.

문제는 성매매로 이런 엄청난 돈을 버는 여성들 중 20대 여대생들이 많다는 점이다. 실제로 서울 경찰청에서 오피를 단속한 적 있었는데 이때 붙잡은 여성들 중 30%가 대학을 다니던 여학생들로 드러나기도 했다.[31] 성형 때문에 성매매로 쉽게 많은 돈을 벌 수 있는 길이 열리면서 젊은 여성들의 성매매가 크게 증가했다고 할 수 있다.

일반인들이 모르는
그들만의 은밀한 세계

 오피보다 훨씬 큰 돈을 벌 수 있는 성매매가 있다. 이른바 VVIP 성매매다. 이것은 명칭에서 볼 수 있는 것처럼 보통의 성매매와 여성들의 외모, 금액이 다르다.
 앞서 봤던 '오피' 같은 경우는 일반적인 성매매인데 여기에는 성형했지만 대박이 나지 않았거나 외모가 평범한 여성들이 포진되어 있다. 반면 VVIP 성매매는 누가 봐도 예쁜 외모를 가진 여성들이 한다. 그렇다 보니 금액도 많이 다른데 오피처럼 일반 성매매가 보통 1시간에 20만 원이라면 VVIP 성매매는 1시간에 무려 100 ~ 500만 원 정도다.
 그럼 여기서 궁금해진다. 아무리 성형을 해서 예뻐졌다고 해도 VVIP 성매매 가격은 왜 이렇게 높을까? 그것은 바로

VVIP 성매매를 하는 남성들은 가격이 더 비싸도 유흥업소 출신 여성이 아니라 일반인 여성을 선호하기 때문이다.

  텐프로를 찾는 남성들처럼 VVIP 성매매를 하는 남성들도 수백억을 가진 부자라서 이미 유흥업소 여성들은 질릴 만큼 만났던 남성들이다. 그렇다 보니 유흥업소에서 일한 적 없는 일반인 여성들 중 예쁜 여성들을 만나기 위해 1시간에 무려 100 ~ 500만 원을 주는 것도 아까워하지 않는다.

  하지만 일반인 여성들 중에서 예쁜 여성들을 데려오려면 쉽지 않다. 그래서 이런 과정들을 담당하는 브로커들이 있기 때문에 중개 수수료를 감안하여 비용이 높은 것이다.

  그럼 도대체 어떤 여성들이 VVIP 성매매를 하는 것일까? 많은 언론 보도와 여러 유튜브 채널을 통해서 알려진 내용을 바탕으로 정리해 보면 VVIP 성매매를 하는 여성들 중에서 가장 많은 부류는 다음과 같은 여성들이라고 할 수 있다.

  '인스타그램에서 몸매를 노출하는 성형한 여성들'

  그랬다. 놀랍게도 VVIP 성매매를 하는 여성들은 우리가 인스타그램에서 정말 쉽게 볼 수 있는 일반인들이었다.

성형한 얼굴과 몸매를 드러내는 사진이 넘치는 여성들의 인스타그램을 떠올려보면 이해가 쉽다. 이런 여성들은 일단 얼굴과 가슴을 성형했고, 몸매를 노출한 사진과 영상을 많이 올린 덕분에 팔로워 숫자가 보통 수만 명이 넘는다.

그렇다 보니 많은 업체에서 팔로워 숫자를 보고 이들에게 인스타그램으로 홍보를 요청하면서 고액의 광고비를 지불한다. 그런데 이런 식으로 쉽고 편하게 돈을 버는 여성들이 광고로 버는 수입에 만족하지 못하고, 더욱 더 많은 돈으로 명품과 사치를 누리기 위해 부유한 남성들을 대상으로 VVIP 성매매 시장에서 은밀하게 활동하고 있었던 것이다.

또 다른 사례도 있다. VVIP 성매매는 인스타그램이 유행하기 전부터 있었는데 예를 들면 과거에 호텔에서 이루어진 VVIP 성매매가 적발되었을 때, 브로커가 갖고 있었던 여성들의 명단이 발견되어서 언론에 보도가 된 적 있었다. 그때 명단에 나온 여성들의 직업은 다음과 같았다.[32]

'여대생, 전직 아이돌 그룹 멤버, 잡지 모델, 홈쇼핑 모델, 대기업 비서, 연예인 지망생, 쇼핑몰 모델'

일단 모델이 가장 많다는 것이 눈에 띄고, 비서와 연예인 지망생, 전직 아이돌 걸그룹 멤버 등 성형한 여성들이 많은 직업들이라는 점이 흥미롭다. 다른 여러 개의 VVIP 성매매 관련 기사들을 살펴봐도 결과는 다르지 않았다. 기사에 나온 여성들의 직업을 나열하면 다음과 같았다.[33][34][35]

'미인 대회 입상자, 호텔 직원, 필라테스 강사, 승무원'

당연한 말이지만 성형을 해서 예뻐졌다고 모든 여성들이 VVIP 성매매를 하는 것은 아니다. 하지만 성형으로 예뻐진 많은 일반인 여성들이 부자 남성들을 대상으로 고액의 VVIP 성매매를 하고 있는 것은 부인할 수 없는 사실이다.

그럼 VVIP 성매매 여성들은 한 달에 얼마를 버는 것일까? VVIP 성매매는 텐프로처럼 외모가 뛰어나서 오피보다 1회 금액이 높은 구조를 갖고 있다. 그렇다 보니 여성이 마음만 먹으면 횟수를 늘려서 엄청난 돈을 벌 수 있다.

예를 들어서 1시간에 500만 원 받는 VVIP 성매매 여성의 경우, 6:4 계약 때문에 브로커에게 200만 원을 떼어주어서 300만 원을 번다고 한다. 그럼 1시간에 300만 원을 버니 월 20번만 해도 얼마인가? 무려 6,000만 원이다.

그런데 우리가 한 가지 잊고 있는 사실이 있다. 바로 VVIP 성매매를 하는 여성들의 수입은 세금을 전혀 떼지 않은 현금이라는 점이다. 그럼 월 6,000만 원은 세전 연봉으로 과연 얼마일까? 계산해 보면 무려 10억 이상이다.

이 금액은 VVIP 성매매 활동을 하는 여성들이 성형 전에 외모가 별로였을 때는 상상도 할 수 없는 것이었다. 그런데 얼굴, 가슴을 성형하고 예뻐졌다는 이유만으로 저런 엄청난 돈을 만지게 되었으니 정말 놀랍지 않은가?

만약 성형이라는 기술이
존재하지 않았다면

과거 한 미스코리아 수상자 여성의 외모가 우리나라 모든 온라인 커뮤니티에서 화제가 된 적 있었다. 누가 봐도 정말 예뻐서 감탄사가 나올 정도였기 때문이다. 외모에 100점을 만점으로 하면 100점을 줄 수 있을 정도로 예뻤다.

그런데 미스코리아 대회가 끝나고 재미있는 일이 생겼다. 미스코리아 여성의 학교 동창으로 추정된 사람이 고등학교 졸업 앨범을 꺼내서 미스코리아 여성의 학창 시절 사진들을 모두 찍은 다음, 온라인 커뮤니티에 올렸던 것이다.

그때 수많은 남성들은 충격을 받고 놀랐다. 졸업 사진 속 여성의 얼굴은 지금과 완전히 달랐다. 사진에는 쌍꺼풀 없이 작은 눈, 낮은 코, 넓은 얼굴까지 그냥 지나가도 모를 정도로 눈에 띄지 않는 외모의 여성이 한 명 있었다. 그랬던 여성이 성형수술을 통해 대한민국을 대표하는 미인의 상징이라고 할 수 있는 미스코리아가 되었던 것이다.

그날부터 온라인에서 뜨거운 논쟁이 펼쳐졌다. 성형을 한 여성이 우리나라의 미를 대표하는 미스코리아가 되었다니 이것이 옳은 것인지 따지는 글이 가장 많았다. 그리고 어떤 네티즌은 성형수술 도구인 '메스'를 언급하면서 대회 명칭을 다음과 같이 바꿔야 한다는 글을 쓰기도 했다.

'미스코리아 대회 → 메스코리아 대회'

이뿐만이 아니다. 우리나라에는 〈짝〉, 〈나는 솔로〉, 〈하트시그널〉 등 일반인들이 출연하는 미팅 프로그램들이 있는데 이런 프로그램에서 인기 많은 남성은 명문대 출신의 변호사, 의사 또는 대기업에 다니는 남성들이다.

그런데 반면 여성은 누가 인기를 얻는가? 바로 명문대가 아니라 전문대를 졸업한 성형녀들이 가장 인기가 많다. 예를 들면 승무원 출신 여성들이 인기가 많은 것처럼 말이다.

이처럼 여성은 학벌, 직업과 상관없이 성형하고 예쁘기만 하면 수많은 남성들에게 엄청난 관심과 사랑을 받는다.

그렇다. 성형이라는 것은 여성들에게 있어서 정말 인생을 마법처럼 바꿔줄 수 있는 무기다. 남성은 능력이 중요하지만 반대로 여성은 외모가 훨씬 중요하다 보니 여성이 성형해서 예뻐지게 되면 인생 자체가 완전히 달라진다.

예쁜 여성은 어디를 가도 예쁘다는 소리를 듣고, 남성이 먼저 다가와서 그 여성의 마음을 얻기 위해 노력한다. 많은 남성들이 선물을 주고, 운전도 해주고, 밥도 사주고 여성을 공주처럼 대해준다. 그렇게 성형으로 예뻐진 여성들은 남녀 관계에서 '갑'으로 화려한 20대 시절을 보낸다.

그런데 바로 이것이 재미있게도 결혼 건수 감소와 저출산을 일으킨다. 왜 그럴까? 원리는 간단하다. 성형으로 예뻐진 여성들은 자신들이 남성들에게 공주처럼 대접을 받은 경험 때문에 남성의 조건을 보는 눈이 자연스럽게 높아진다.

앞부분에서 유명한 심리학자 데이비드 버스 교수의 연구 결과를 봤던 기억이 나는가? 그의 연구에 따르면 예쁜 여성들은 평범한 여성들보다 남성들의 조건을 보는 눈이 높았다. 대한민국에서는 성형 때문에 수많은 여성들이 예뻐지면서 위의 연구 결과와 같은 일이 벌어지고 있는 것이다.

어디 이뿐인가. 성형으로 예뻐진 여성들은 아이돌 걸그룹, 배우, 가수 등 연예인들이 되고 엄청난 돈을 벌면서 남성의 조건을 보는 눈이 높아진다. 성형한 일반인 여성들도 마찬가지다. 지금 우리나라에는 몸매 노출을 통해 월 수천만 원의 수입을 버는 여성 인플루언서들과 유튜버들이 넘친다. 야한 영상과 사진만 온라인으로 팔아도 1년에 10억은 쉽게 벌고, 텐프로 같은 곳에서 일하거나 성매매를 하면 의사, 변호사 같은 전문직들보다 훨씬 많은 돈을 번다.

그렇다 보니 성형으로 예뻐진 덕분에 많은 이익을 보면서 눈이 높아진 여성들은 조건이 좋은 남성들만 찾는다. 하지만 이 세상에는 평범한 남성들이 대부분이고, 조건이 좋은 남성들은 소수에 불과하다. 그러니 결혼이 잘 이루어지겠는가? 그래서 아이러니게도 수많은 여성들이 성형을 하는 나라는 엄청난 결혼 건수 감소와 그로 인한 저출산에 빠지게 된다. 이것이 바로 세계 성형 비율 1위인 대한민국이 세계 저출산 1위를 차지하고 있는 결정적인 이유인 것이다.

4장

BJ

어떤 남성이 한강에서
자살을 시도한 이유

몇 년 전, 어떤 남성이 투신 자살을 하기 위해 한강 다리 위에 섰다. 그리고 잠시 망설이다가 결국 그는 스스로 목숨을 끊기 위해 강으로 뛰어내렸다. 하지만 다행스럽게 하늘이 도왔다. 근처에 있었던 어떤 사람이 신고를 한 덕분에 119 구조대에 의해 극적으로 무사히 구조되었던 것이다.

그런데 사연이 있었다. 사실 그는 이미 자살을 암시하는 글을 인터넷에 올렸고, 신고를 받은 경찰을 1차적으로 만난 경험이 있었다. 그런데 이후 2차로 자살을 시도했던 것이다. 얼마나 힘든 일이 있어서 그런 선택을 하려고 했던 것일까? 취재를 통해서 밝혀진 사실은 놀라웠다. 그가 자살을 시도한 이유가 바로 다음과 같았던 것이다.[36]

'여성 BJ에게 3,000만 원 정도의 별풍선을 쏘고 식사를 하자고 했는데 여성 BJ가 응하지 않아서'

BJ. 영어로 '브로드캐스트 자키'의 줄임말인 BJ는 컴퓨터 앞에 앉아서 모니터 영상을 통해 대화를 하거나 아슬아슬한 몸매 노출 또는 춤을 추는 등 자신만의 콘텐츠를 가지고 1인 인터넷 방송을 진행하는 사람을 뜻한다.

이런 BJ들이 활동하는 웹사이트가 많은데 업계 1등은 그 유명한 '아프리카 TV'다. 현재 'SOOP'으로 명칭을 변경한 이곳에서 방송을 보는 시청자들이 BJ에게 선물을 주고 싶을 때, 돈으로 결제하는 아이템을 '별풍선'이라고 한다. 그리고 채팅으로 별풍선을 BJ에게 선물하는 행위를 '별풍선을 쏜다'라고 표현한다. 앞서 봤던 사건 속 남성은 그 별풍선을 무려 3,000만 원이나 구매해서 여성 BJ에게 주었던 것이다.

그런데 BJ 관련 충격적 사건은 이뿐만 아니다. 2021년에 어떤 20대 남성이 BJ의 어머니를 살해하려고 하다가 체포된 사건이 있었다. 그때 경찰 조사에서 남성은 BJ의 어머니를 살해하려고 했던 이유를 다음과 같이 말했다.[37]

'BJ를 소유할 수 없어서 절망스러웠다'

놀라운 사실은 여기서 끝나지 않는다. 온라인 통계를 보면 BJ들이 활동하는 다양한 사이트의 접속자는 우리나라 20대 이상의 성인 기준으로 합쳐서 무려 월 300만 명이 넘는다.[38] 정말 놀랍게도 수많은 남성들이 컴퓨터 앞에 앉아서 여성 BJ들에게 열광하고 자신의 돈을 갖다 바치는 중인 것이다.

그럼 이제 궁금해진다. 도대체 BJ가 뭐길래 남성들이 돈을 갖다 바치고, 만날 수 없는 괴로움에 자살을 시도하거나 소유할 수 없다고 절망감을 느끼는 것일까? 왜 수백만 명의 한국 남성들은 모니터 속의 BJ들에게 빠진 것일까?

이뿐만 아니다. 필자가 앞서 소개했던 외모, 경제력, 성형 문제 때문에 BJ 신드롬이 생겼다면? 그리고 BJ 때문에 저출산이 발생하고 있다면 당신은 믿을 수 있겠는가? 지금부터 어디서도 볼 수 없었던 충격적인 세계로 안내하겠다.

외로운 한국 남성들,
여성 BJ들에게 빠지다

 이미 짐작했겠지만 BJ들의 방송을 열심히 보는 남성들은 여성을 만나지 못하는 남성들이다. 키가 작거나, 못생기거나 두 가지 요소를 모두 갖춘 남성들이라고 할 수 있다.
 그래서 이들은 별풍선을 결제하고 쏘면 여성 BJ가 "○○오빠, 사랑해요!"라고 자신의 닉네임을 언급하면서 관심을 가져주는 것을 즐긴다. 그러다가 결국 BJ에게 중독이 된다. 실제로 어떤 BJ에게 빠졌던 한 남성이 인터넷에 쓴 익명의 글을 보면 더욱 이해가 쉽다. 내용을 보도록 하자.

 약 2천 3백만 원 정도 ……. 제가 그녀에게 선물했던 별풍선입니다. 저는 30년 넘는 인생 동안 연애 경험이 없었습니다.

솔직히 말하면 연애를 못 했던 거죠. 외모에 대한 비하가 너무 심해서 늘 땅을 보고 걸었고, 살면서 한 번도 행복한 적이 없었습니다. 저는 그래도 열심히 살았습니다.

그러던 중, 인터넷 방송을 통해 BJ로 활동하는 그녀를 알게 되었습니다. 처음 그녀에게 채팅을 했을 때, 저의 닉네임을 언급하면서 웃어주는 그녀에게 감사했습니다. 제가 쏘는 별풍선으로 그 사람이 웃고 행복하니까 저도 행복해지더군요.

하지만 제가 갑작스러운 사고를 당하는 일이 생겼습니다. 결국 일을 못 하게 되니 수입이 없어졌고, 당연히 별풍선도 못 쏘게 되었죠. 그때 그녀에게 요즘 왜 채팅방에 안 들어오냐고 연락이 왔고, 저도 사람이다 보니 먹고 살아야해서 그녀에게 치킨 하나만 배달을 해달라고 부탁했죠. 그런데 그녀는 화를 내더군요. 요새 방에 들어오지 않고, 별풍선도 안 쏘면서 그게 자기한테 할 말이냐고 말이죠. 결국 저는 블랙리스트에 등록되어서 그녀를 영원히 볼 수 없게 되었습니다.

저에게 남은 것들은 상처 받은 마음과 미납된 휴대폰 요금, 연체된 대출금이네요. 모두 저의 잘못입니다. 별풍선을 무리하게 쐈던 호구는 저니까요. 바보 같은 인생의 한 사람으로서 글을 남깁니다. 그래도 그녀가 행복했으면 좋겠네요 …….

앞서 살펴본 글의 내용을 보면 모든 수수께끼가 풀린다. 우리나라에는 여성을 만나기 어려운 외모의 남성들이 존재하는데, 안타깝게도 그들이 BJ들에게 푹 빠지면서 자신들의 모든 재산을 갖다 바치고 있었던 것이다.

그렇다 보니 BJ들은 이런 남성들을 이용해서 엄청난 돈을 벌기 위해 고액의 별풍선을 쏴주면 원하는 행동들을 해준다. 실제로 BJ들이 사용하는 방식을 몇 가지 보도록 하자.

1. 아침에 기상 모닝콜 해 주기 (10만 원)

2. 카카오톡 친구로 채팅해 주기 (20만 원)

3. 저녁에 전화 통화 데이트하기 (30만 원)

4. 영화 같이 보러 가기 (100만 원)

5. 점심, 저녁 식사 데이트 (200만 원)

위와 같은 목록을 화면에 떠놓고 여성 BJ들은 남성들에게 해당 금액만큼의 별풍선을 결제하여 쏘도록 유도를 한다. 그럼 여성을 만나지 못하는 남성들이 결제를 하고 저런 말도 안 되는 금액의 별풍선을 쏜다. 믿기 어려운가? BJ들의 방송 화면을 담을 수 없으니 유명한 관련 사건을 소개하겠다.

두 명의 남성들이 BJ의 집을 찾아가서 협박한 죄로 구속된 사건이 있었다. 그런데 왜 이런 일이 벌어졌을까? 이유는 놀라웠다. 남성들은 수천만 원의 별풍선을 쏴서 여성 BJ와 카카오톡으로 대화하고, 식사 데이트도 했다고 한다. 그런데 BJ가 잘해주다가 나중에 만남을 피하자, 화가 나서 그동안 투자한 별풍선 금액을 돌려달라고 협박했던 것이다.[39]

이뿐만 아니다. 여성 BJ들은 시청자가 외로운 남성들이다 보니 여자친구처럼 대해주면 재산을 갖다 바친다는 사실을 알고 이용한다. 실제로 MBC 시사 프로그램 〈PD수첩〉에는 BJ에게 빠져 1억 가까이 썼던 남성이 나온 적 있었다. 그때 남성은 돈을 갖다 바친 이유를 다음과 같이 설명했다.[40]

"(지금까지) 9천만 원 조금 넘게 쓴 것 같아요. (돈을 쓰면 여성 BJ가 저를) 대하는 모습이 달라져요. 인사도 달라지고 ……. 대우를 해주는 게 있죠. 만약 하루라도 안 오면 '어제 왜 안 왔어요? 보고 싶었는데' 이렇게 말하고."

여성 BJ들은 과연 얼마를 벌까

이쯤 되면 궁금한 것이 생긴다. 남성들이 여성 BJ들에게 쓰는 금액의 규모를 앞에서 잠깐 살펴보니 어땠는가? 정말 놀랍게도 몇백만 원이 아니라 몇천만 원 단위의 금액이 계속 나왔다. 심지어 해당 금액은 한 사람이 한 여성 BJ에게 썼던 금액이었다. 그럼 BJ들의 수입은 과연 어느 정도일까?

먼저 유명하지 않은 BJ들의 수입을 살펴보도록 하자. SBS 예능 〈동상이몽 시즌1 - 괜찮아 괜찮아〉에 직장을 다니다가 그만두고 BJ로 데뷔를 했던 여성이 나온 적이 있었다. 그때 여성은 자신의 수입에 대해서 다음과 같이 말했다.[41]

"제가 이제 200일 넘게 했는데 그 기간 동안 수수료 빼고 4, 5천만 원 정도를 벌었어요."

그랬다. 해당 여성 BJ는 정말 놀랍게도 6개월에 순수입이 무려 4~5천만 원이나 되었다. 그런데 이 BJ는 무명이라서 수입이 저 정도밖에 되지 않았던 것이다. 실제로 유명한 BJ들은 수입 자체가 다르다. 은퇴한 유명 여성 BJ의 경우, 1년 동안의 수입은 언론 보도에 따르면 다음과 같았다.[42]

'24억'

여러분은 깜짝 놀랐을 것이다. 아니, 어떻게 저런 금액을 1년 만에 벌 수 있냐고? 원리는 간단하다. 예를 들면 다음과 같은 식이다. 만약 저녁 시간이라면 여성 BJ는 방송을 켜고 배달 음식을 시켜 먹으면서 다음과 같이 말한다.

"오빠들은 오늘 저녁에 뭐 먹을거야? 나는 지금 저녁으로 치킨 먹고 있는데 같이 먹을래?"

여성 BJ는 위와 같은 말을 하면서 닭다리를 하나 집어들고는 모니터에 확대가 되도록 갖다 보여준다. 그럼 채팅창을 통해 수많은 남성들이 다음과 같은 식으로 말한다.

"치킨 진짜 맛있겠다."

"그렇게 먹고 살 찌면 어떻게 할 거야?"

"네가 먹고 있는 모습만 봐도 배가 불러."

바로 그 순간, 여성 BJ에게 잘 보이기 위해서 어떤 남성이 별풍선 300개(3만 원)를 결제하고는 쏜다. 그때 채팅창에 '○○님이 별풍선 300개를 후원하셨습니다'라는 글이 담긴 이미지와 함께 남성 후원자가 BJ에게 하고 싶은 말을 적은 메시지가 뜨는데 예를 들면 내용은 다음과 같다.

"○○야, 다음에는 치킨 말고 피자 사 먹어!"

그럼 여성 BJ는 닭다리를 들고 있다가 300개의 별풍선을 보고 입에 손을 갖다 대면서 놀란 표정을 짓는다. 그런 다음 모니터 화면에 뽀뽀를 하고 나서 이렇게 말한다.

"어머 ○○오빠! 나한테 치킨 말고 피자 사 먹으라고 주는 거야? 별풍선 300개 너무 고마워! ○○오빠, 사랑해!"

이때부터 별풍선 전쟁이 시작된다. 별풍선을 쏜 남성에게 관심과 사랑을 보이는 여성 BJ의 모습을 보고, 질투심에 불타는 남성들이 경쟁적으로 별풍선을 쏘기 시작하는 것이다. 그럼 처음 300개, 즉 3만 원으로 시작된 별풍선은 남성들이 BJ에게 잘 보이기 위한 전쟁으로 번져서 여성 BJ는 수많은 남성들 덕분에 1시간에 5,000만 원을 벌기도 한다.

물론 이것이 끝은 아니다. 여성 BJ는 식사 후에 분위기를 더욱 뜨겁게 만들기 위해 야한 춤과 아슬아슬한 몸매 노출을 통해 남성들을 성적으로 만족시켜준다. 그럼 흥분한 수많은 남성들이 BJ에게 별풍선을 계속 쏘면서 결국 하루에 1억이라는 엄청난 수입을 올리는 일도 생긴다.

이런 원리로 무명 BJ는 연봉 1억, 평범한 BJ는 연봉 5억, 유명한 BJ는 연봉 30억 이상을 번다. 얼굴, 가슴을 성형하고 컴퓨터 앞에 앉아서 수많은 외로운 남성들을 이용하여 쉽게 엄청난 돈을 버는 것이다. 정말 기가 막히지 않는가?

그런데 놀라운 사실이 한 가지 있다. BJ들은 별풍선 같은 아이템을 환전해야 입금 받을 수 있다 보니 30억을 벌어도 30억에 해당하는 세금을 내지 않는다. 1년에 1억 정도 필요해서 1억만 환전을 하면 1억에 해당하는 세금만 낸다.

이런 원리 때문에 BJ들의 수입은 국세청에 실제로 버는 수입보다 훨씬 적게 잡히고, 세금도 그에 따라서 적게 낸다. 직장인들이 하루 종일 고생해서 일해도 월 300만 원이 평균인데, BJ들은 성형하고 쉽게 월 3,000만 원 ~ 월 3억 이상을 벌고 세금도 적게 내고 있으니 황당하다.

이것이 끝은 아니다. 요즘 대세는 바로 엄청난 돈을 벌 수 있는 '벗방'이다. 표현 그대로 '벗는' 방송인데 여성 BJ들이 속옷을 입고 시작해서 나중에는 알몸까지 보여준다.

방송 수위도 19금인데 예를 들면 야한 자세로 계속 움직이거나 소리를 내고, 심지어 카메라에 혀를 대면서 남성들이 모니터로 보고 흥분하도록 만든다. 남성들이 돈을 많이 주면 벗방 BJ들의 자극 수위가 올라가는 것은 물론이다.

그럼 이제 궁금한 것이 생긴다. 벗방 BJ들의 수입은 과연 얼마일까? 당연한 말이지만 알몸으로 방송을 진행하니 일반 BJ들보다 수입이 더 많다. 실제로 구독자 270만 명이 넘는 유명한 유튜브 채널 〈진용진〉에서는 취재를 통해 우리나라 벗방 BJ들의 수입에 대해서 다음과 같이 말했다.[43]

"벗방 BJ들의 평균 수입은 100만 구독자를 가진 유튜버들 수준 (수억 원)이었습니다. 그리고 제가 정말 놀란 것은 벗방 플랫폼 본사를 통해 알아낸 정보인데요. 최상위권 벗방 BJ들은 연봉이 수억도 아니고 수십억이라고 합니다."

BJ들에게 연애 감정을
느끼는 남성들의 모습

앞에서 봤듯이 여성 BJ들에게 빠진 남성들의 목적은 성욕 해소, 그 이상이라고 할 수 있다. 그렇다 보니 정말 놀라운 사건도 있다. 유명한 BJ의 사례가 뉴스에 나온 적이 있었다. 이유는 간단했다. 해당 여성 BJ가 자신의 생일날, 방송에서 무려 114만 개의 별풍선을 받았기 때문이다.[44]

그런데 이것이 얼마인지 아는가? 그렇다. 1억 1,400만 원이다. 해당 BJ의 방송을 평소 즐겨봤던 수천 명의 남성들이 여자친구의 생일을 축하해 주는 마음으로 별풍선을 쏜 결과, BJ는 하루 만에 무려 1억이 넘는 엄청난 금액을 벌었다.

즉, 바꿔 말하면 놀랍게도 수많은 남성들이 모니터 속의 여성 BJ들에게 연애 감정을 느끼고 있다는 것이다.

그런데 한 가지 궁금한 것이 생긴다. 남성 시청자들에게 여자친구처럼 대하는 여성 BJ들은 남자친구가 없을까? 답은 간단하다. 너무 당연한 이야기지만 BJ들은 모두 남자친구가 있다. 몇 가지 유명한 사건들을 아래에서 보자.

1. 소리 유출 사건

한 여성 BJ가 방송을 중단한 상태로 마이크도 껐다고 생각했는데 사실은 안 꺼졌다. 그때 다른 방에 있었던 남자친구가 나타나서 두 사람이 대화를 나누는 소리가 들렸고, 이후 둘이 성관계하는 소리까지 마이크를 타고 전달되었다. 그때 화면이 안 나오고 소리만 나오는 방송을 보면서 즐겼던 남성 시청자들의 숫자는 무려 2만 명이나 되었다.[45]

2. 남자친구 숟가락 사진 사건

한 여성 BJ가 혼자 밥을 먹는다고 사진을 찍어서 올린 적이 있었는데 그때 상체에 아무것도 안 입은 남성의 모습이 숟가락에 비친 것을 시청자들이 발견하여 기사로 나온 적 있었다.

반대편에 남자친구가 앉아 있는데 음식 사진을 찍었다 보니 숟가락에 남성의 모습이 비쳐서 거꾸로 나왔던 것이다.[46]

3. 남성 시청자에게 8,000만 원을 뜯은 사건

어떤 한 남성이 자신의 빚을 갚기 위해서 여자친구인 BJ로 하여금 남성 시청자에게 돈을 빌리게 했다. 그러자 BJ는 평소 자신에게 푹 빠져있었던 남성 시청자에게 8,000만 원을 빌려 달라고 하여 돈을 받아서 남자친구에게 주었다. 하지만 이후 돈을 전혀 돌려받지 못했던 남성이 고소했고, 결국 여성 BJ와 남자친구는 법원으로부터 징역 8개월을 선고 받았다.[47]

유명한 사건 몇 가지만 봐도 알겠지만 여성 BJ들은 모두 남자친구가 있고, 심지어 동거도 많이 한다. 그런데 이런 BJ들에게 수백만 명의 한국 남성들이 돈을 갖다 바치고, 연애 감정도 느끼고 있으니 정말 안타깝지 않은가?

결국 여성 BJ들에게 남자친구가 있다는 사실을 알게 되면 남성 시청자들은 분노하고, 그동안 자기가 준 별풍선에 대해 환불 요청을 한다. 하지만 당연히 환불은 되지 않는다.

심지어 살인 미수 사건이 벌어진 적도 있다.[48] 예를 들면 여성 BJ에게 1,600만 원의 별풍선을 쐈던 남성이 그녀의 집을 찾아간 적 있었다. 평소 방송을 통해서 가까워졌고 따로 연락을 주고 받은 사이였다. 그런데 여성 BJ의 집을 찾아간 남성에게 놀라운 일이 생겼다. BJ의 남자친구가 연락 없이 갑자기 여자친구인 BJ의 집을 찾아왔던 것이다.

그때 무슨 일이 벌어졌을까? 남성은 여성 BJ에게 별풍선으로 무려 1,600만 원을 쏘고, 평소 연락을 주고 받으면서 자기가 정말 남자친구 같은 존재라고 믿었다.

그런데 여성 BJ에게 진짜 남자친구가 따로 있다는 사실을 알게 되자, 분노하여 둘 다 죽이려고 흉기를 휘둘렀다. 결국 살인 미수로 끝났지만 이 사건은 BJ에게 집착을 하는 한국 남성들의 모습을 잘 보여준 사건이라고 할 수 있다.

왜 수많은 남성들은
BJ들을 사랑하게 되었는가

이쯤 되면 굉장히 예리한 통찰력을 가진 사람들은 다음과 같은 생각을 할지도 모른다.

'아니, 도대체 왜 수백만 명의 한국 남성들은 유흥업소를 안 가고 컴퓨터 앞에 앉아서 모니터 속의 여성 BJ들에게 자신의 돈을 갖다 바치고 열광하는 거지? 이해가 안 되네.'

그렇다. 별풍선을 여성 BJ에게 쏘는 것보다 그 돈으로 업소에 가는 것이 더 합리적인 선택이다. 그런데 외모가 부족해서 여성을 만나지 못하는 남성들은 흥미롭게도 BJ들에게 재산을 갖다 바친다. 왜 그럴까? 당연히 이유가 있다.

한국에서 가장 유명한 유흥업소는 룸살롱이지만 룸살롱 같은 경우는 술을 먹어야 한다는 부담뿐만 아니라 금전적으로도 비용이 꽤 나가는 편이다. 그렇다 보니 젊은 남성처럼 돈이 부족한 경우보다는 경제적으로 여유가 있는 중년 남성들이 즐겨 찾는 곳이고, 룸살롱은 술까지 먹어야 해서 빠른 성관계를 통한 성욕 해소에 적합한 곳은 아니다.

그렇다 보니 유행했던 곳이 있었는데 과거 성욕 해소만을 위해 존재한 곳은 바로 〈청량리 588〉 같은 '집창촌'이었다. 과거에 많은 한국 남성들은 집창촌에 가서 성욕을 해소했다. 하지만 전국에 있었던 수많은 집창촌은 정부의 강력한 단속으로 사라졌고, 그 자리를 채운 것은 두 가지였다.

첫 번째는 키스만 가능하지만 자신의 외모, 능력, 투자에 따라서 그 이상도 가능하다는 '키스방', 두 번째는 오피스텔에서 은밀하게 벌어지는 성매매인 '오피'였다.

하지만 정부는 키스방과 오피도 가만두지 않았다. 경찰의 강력한 단속을 통해 전국의 수많은 키스방과 오피는 대부분 사라졌고, 업주들은 구속되었다. 그렇다 보니 원래 키스방, 오피에서 일하려고 했던 여성들도 경찰의 단속이 무서워서 온라인으로 떠나고 BJ를 하게 되는 일이 벌어졌다.

이것이 끝은 아니다. 경찰 단속에 걸리지 않고 살아남은 소수의 키스방과 오피에서는 결국 손님들에게 '인증'을 요구하게 되었다. 무슨 말이냐 하면 손님들한테 경찰이 아니라는 것을 직접 증명하도록 요구를 하게 된 것이다.

그럼 어떻게 인증할까? 언론의 보도와 다른 여러 자료를 보면 손님은 업소에 다음의 사항들을 제시해야 한다.[49]

1. 휴대폰 번호 (번호를 공개 안 하면 이용 불가)
2. 주민등록증 사진 (이름, 얼굴, 주소 모두 포함)
3. 회사 명함 사진과 사원증 (회사 이름이 보여야 함)

놀랍지 않은가? 성매매가 합법적인 유럽의 나라들은 인증을 하지 않는다. 우리나라도 과거 집창촌이 있었던 시절에는 인증이 없었다. 하지만 지금 대한민국은 세계에서 유일하게 모든 개인정보를 주고 인증해야 업소 이용이 가능하다.

그런데 재미있는 점은 개인정보를 다 넘겨주고 이용하면 무슨 일이 생기는지 아는가? 업체가 갖고 있는 DB, 즉 데이터베이스에 개인정보가 올라간다. 그래서 이후 전화를 하면 업소에서 상대방이 경찰인지 여부를 확인할 수 있다.

그런데 우리나라 경찰이 바보인가? 일반인으로 위장해서 또는 다른 방법으로 단속해서 전부 잡는다. 그때 DB만 입수하면 성매수자들을 오히려 더 쉽게 찾아낼 수 있는 것이다. 그렇다 보니 실제로 경기도에서는 경찰이 업소 DB를 확보하여 964명의 남성들을 검거하는 일도 있었다.[50]

이뿐만 아니다. 검거 과정을 살펴보면 수백만 명의 남성들이 겪는 공포를 생생하게 알 수 있다. 인터넷에는 업소에 갔던 남성들이 단속에 걸려서 법률 자문을 구하기 위해 익명으로 쓴 글이 넘치는데 예시를 하나 보도록 하자.

경찰에서 조사를 받으러 오라고 전화가 왔습니다. 조사관이 "지난 달에도 가셨네요", "연락을 주고 받은 기록들이 많네요"라고 했습니다. 너무 당황해서 일단 조사에 가겠다고 했는데 어떻게 해야 할지 모르겠습니다. 제발 도와주세요.

그렇다. DB를 바탕으로 방문 날짜와 횟수까지 모두 파악하고 있는 경찰은 전화를 한다. 이런 과정을 통해 조사 받고 처벌을 받았던 남성들은 무서워서 업소에 가지 못하게 되는 것이다. 이제 왜 BJ들의 세상이 왔는지 알겠는가?

앞서 언급했듯이 통계를 보면 BJ들이 활동하는 여러 사이트의 접속자는 성인 기준으로 무려 월 300만 명이 넘는다. 한국 남성들이 다른 나라에 없는 업소 인증, 강력한 성매매 단속과 처벌 때문에 결국 온라인으로 도피하게 된 것이다.

문제는 바로 여기서 비롯된다. 업소는 성욕 해소 이상의 기능을 하지 못한다. 그러나 BJ들은 야한 춤과 몸매 노출로 간접적인 성욕 해소도 해주고, 무엇보다 여자친구처럼 대해주면서 업소에서 찾을 수 없는 정신적인 만족감도 준다.

잘 생각해 보자. BJ들이 "오빠, 사랑해!" "저녁은 먹었어?" 이런 식으로 계속 말을 해주니 외모가 부족해서 여자친구를 사귈 수 없는 남성들이 어떤 감정을 가지게 되겠는가? 정말 놀랍게도 모니터 속의 BJ들에게 사랑을 느끼게 된다.

그렇다 보니 BJ에 대한 중독성은 성매매 업소보다 압도적이다. 그 결과, 수많은 남성들이 업소에 쓰는 비용보다 수백 배의 돈을 여성 BJ들에게 갖다 바치면서 거지가 되고, 반면 여성 BJ들은 부자가 되는 일이 벌어지게 된 것이다.

BJ들에게 빠진 남성들과
연관된 충격적인 사건들

많은 한국 남성들이 결국 온라인으로 가게 되었고, BJ들에게 빠져서 돈을 갖다 바치고 있는 이면에는 많은 사건들이 존재한다. 그것은 바로 강도, 살인, 자살과 같은 사건들이다. 지금부터 충격적인 사건들을 몇 가지 소개하겠다.

제주도에서 한 30대 남성이 새벽 시간에 여러 식당에 침입하여 금고를 털어서 수백만 원을 훔쳤다가 체포된 사건이 있었다. 그런데 경찰이 범행동기를 조사하자, 놀라운 사실이 밝혀졌다. 남성이 다음과 같이 말했기 때문이다.[51]

"BJ에게 돈을 계속 쓰다가 결국 사채를 빌려 쓰게 되었다. 그래서 빚을 갚으려고 범행을 했다."

다른 지역에서는 안타까운 사건이 있었다. 50대의 여성이 낮에 사무실에서 남성에게 살해를 당했다. 가해자인 남성은 무슨 이유로 이런 끔찍한 살인을 저질렀던 것일까? 경찰이 수사하자 놀라운 사실이 드러났다. 알고 보니 살인을 저지른 30대 남성의 정체가 다음과 같았기 때문이다.[52]

'BJ에게 별풍선을 수천만 원 쐈던 남성'

이제 30대 남성이 50대 여성을 살해했던 이유가 무엇인지 알겠는가? 희생자는 안타깝게도 여성 BJ의 어머니였다. 팬이었던 남성이 BJ와 트러블이 생겨서 차단을 당하자, BJ 어머니가 일하는 회사로 찾아가서 범행을 저질렀던 것이다. 그는 살인을 저지른 후, 스스로 목숨을 끊었다.

또 다른 사건도 보자. 20대 남성이 여성을 살해하고 금품까지 훔쳐서 달아났던 끔찍한 사건이 있었다. 그런데 경찰이 수사를 하자, 어처구니 없는 범행 동기가 드러났다.

남성은 평소 여성 BJ에게 빠져서 계속 돈을 갖다 바쳤다. 그러다가 결국 BJ에게 전 재산을 바치고 수천만 원의 빚이 생기자, 강도를 하고 살인까지 저지른 것이었다.[53]

사건들을 보고 여러분은 어떤 생각이 들었는가? 앞으로 위와 같은 사건들은 끝없이 발생할 것이다. 여성들이 남성의 외모와 경제력을 보는 눈이 높아졌고, 이로 인해서 여성들을 만나기 어려운 남성들이 넘치고 있기 때문이다.

이런 남성들을 위해서 과거에는 성매매 여성이 존재했던 집창촌이 었있는데 정부가 폐지했다. 게다가 키스방과 오피 같은 업소들은 인증과 단속으로 이용을 하는 것이 어려워지면서 결국 수많은 한국 남성들이 여성 BJ들에게 빠져버리게 된 것이다. 하지만 BJ와의 만남은 파멸로 이어진다.

가스 배달부 남성의 사건은 또 다른 사례다.[54] 가스 배달 일을 했었던 남성은 BJ에게 빠져서 1억 원의 별풍선을 쐈고, 심지어 대출도 해서 돈을 갖다 바쳤다. 그러다가 결국 돈이 떨어지자, 강도를 저지르고 경찰에 쫓기던 중 자살했다.

다른 사건도 있다. BJ에게 별풍선을 쏘느라 대출을 받고 1억 5천의 빚을 갖게 된 남성이 안타깝게도 결국 차 안에서 숨진 채 발견된 것이다.[55] 이것이 현실인데 지금도 많은 한국 남성들이 BJ들에게 빠져 있으니 어쩌면 좋을까?

BJ, 대한민국을 저출산 국가로 만들다

2023년, 정말 놀라운 사건이 뉴스에 나왔다. 어떤 여성이 벗는 방송, 즉 벗방 BJ로 활동했던 사실이 보도가 되었는데 이 사건이 화제가 됐던 이유는 따로 있었다. 그녀가 평범한 직업을 가진 여성이 아니라 7급 공무원이었기 때문이다.

그럼 공무원 여성은 어떻게 적발된 것일까? 사연은 간단했다. 직접 벗방에서 여성이 술 마시고, 담배 피고, 노출하고 그러다가 자신이 공무원이라는 사실을 말하자, 해당 벗방을 시청하고 있었던 어떤 남성에 의해 신고를 당한 것이다.

그런데 신고했던 남성의 직업이 무엇인지 아는가? 남성도 공무원이었다. 또한 당시 여성 BJ의 벗방을 보는 중이었던 남성들의 숫자는 무려 1,000명 정도였다고 한다.[56]

필자는 이 기사를 읽으면서 21세기 대한민국의 현 실태가 그대로 담겨있다는 생각이 들었다. 저기서 왜 남성 공무원은 벗방을 보고 있었을까? 그렇다. 현실에서 여성들을 만나기 어렵다 보니 외로운 마음에 벗방을 봤을 것이다.

게다가 성매매 업소에 가고 싶어도 공무원이라는 직업을 인증할 경우, 경찰 단속에 걸려 직업을 잃게 되면 돌이킬 수 없으니 최후의 수단으로 벗방을 선택한 것이기도 하다.

이뿐만 아니다. 한 명의 BJ가 벗는 방송을 무려 1,000명 정도의 남성들이 보고 있었다니 정말 놀랍지 않은가? 통계에 나온 것처럼 BJ들의 방송을 즐기는 남성들은 20대 이상 성인 기준으로 무려 300만 명이 넘는다. 이렇게 많은 한국 남성들이 재산을 갖다 바치고 있다 보니 여성 BJ들은 1년에 보통 수억에서 최대 수십억의 돈을 벌고 있다.

불과 2010년대 초반까지만 하더라도 우리나라 여성 BJ들 중에서 1년 동안 1억 이상을 버는 사람들은 정말 드물었다. 하지만 이후 10여 년 동안 BJ시장은 상상을 초월할 정도로 엄청나게 성장했고, 이제는 1년에 수억 원 이상 버는 BJ들이 흔해졌다. 앞서 언급했던 은퇴한 여성 BJ는 5년 동안 얼마를 벌었는지 아는가? 무려 100억 이상을 벌었다.

도대체 왜 이런 일이 벌어졌을까? 이미 앞서 언급했던 것처럼 여성들이 남성들의 외모와 경제력을 보는 눈이 갈수록 높아지게 된 것이 근본적인 원인이라고 할 수 있다. 그래서 외모가 별로거나 경제력이 부족한 남성들은 여성과 연애를 하고 결혼을 하는 것이 과거보다 매우 어려워졌다.

결국 수많은 남성들이 혼자가 되었다. 그런데 정부가 성매매 여성들이 있던 〈청량리 588〉 같은 집창촌을 전국에서 모두 폐지했고, 업소에 가고 싶어도 인증 때문에 개인정보를 넘겨야 하고, 단속과 처벌까지 심하니 갈 곳이 없어졌다.

그래서 수백만 명의 남성들은 컴퓨터 앞에 앉아서 BJ들이 있는 '온라인 집창촌'으로 갔다. 그곳에서 모니터 속 여성 BJ들에게 돈을 주고, 그녀들의 몸매 노출과 19금 음란 행위를 보면서 외로움과 성욕을 해소하게 된 것이다.

그럼 정리를 해보자. BJ들은 결혼 건수 감소 및 저출산과 상관이 있을까, 없을까? 당연히 있다. BJ로 활동하는 여성들은 엄청난 돈을 벌면서 남성의 조건을 보는 눈이 높아지고, 결혼할 필요성도 못 느끼게 되기 때문이다. 그런데 지금까지 수억 ~ 수십억 이상 벌었던 BJ들은 지난 10여 년 동안 은퇴했던 BJ들까지 모두 포함하면 수십만 명이나 된다.

결국 수많은 여성 BJ들이 엄청난 돈을 벌게 되면서 대한민국에서 노동의 가치는 바닥에 떨어졌다. 직장인들은 하루 종일 스트레스 받으면서 힘들게 시급 1만 원을 받는데 여성 BJ들은 그냥 몸매 노출과 음란 행위로 무려 시급 수백만 원을 받고 1년에 수억 ~ 수십억 이상 벌기 때문이다.

이뿐만 아니다. 여러 사건들을 통해 알려진 것처럼 BJ들은 자신에게 돈을 많이 준 남성, 그리고 사회적 지위가 있고 유명한 남성들과 VVIP 성매매도 한다. BJ들이 사회적으로 문제가 되고 있는 또 다른 이유가 바로 이것이다.

그런데 BJ를 탄생시킨 것이 무엇인가? 그것은 바로 성형이다. 실제로 유명한 여성 BJ들의 학교 졸업 사진이 화제가 된 적 있었다. 지금과 다르게 못생겼기 때문이다.

하지만 이들은 성형이라는 희대의 사기 기술을 이용하여 앞트임, 뒤트임, 쌍꺼풀, 코, 윤곽, 가슴 성형을 하고 얼굴과 몸매가 예뻐지면서 엄청난 돈을 벌게 되었다.

심지어 평범해서 인기가 없던 BJ가 눈, 코, 가슴 성형으로 예뻐지더니 1년 시청자 수가 무려 1,000만 명을 돌파하고 연간 30억의 수입을 갖게 된 유명한 사례도 존재한다.

여성들에게는 자기보다 돈을 못 버는 남성들과 결혼하지 않는 동물적 본능이 있다. 그런데 수십만 명의 여성 BJ들이 성형하고 나서 수억 ~ 수십억 이상의 재산을 갖게 되었으니 평범한 남성을 만나서 결혼할 수 있겠는가?

실제로 여성 BJ들이 출연한 인터넷 방송에서 진행자가 월 300만 원 버는 남성은 어떤지, 물어본 적 있었다. 그때 여성 BJ들은 월 300만 원의 수입에 대해 다음과 같이 말했다.

"솔직히 그건 조금 아닌 것 같은데. 너무 적지 않나?"

"나도 싫어. 내가 하루만 방송해도 버는 돈인데……."

이것이 현실이다. 그래서 2010년대에 꾸준하게 활동했던 1980년대생의 유명한 1세대 여성 BJ들은 지금 30대 후반, 40대가 되었지만 수십억 이상을 벌어서 전부 혼자 산다.

결국 성형이 없었다면 BJ들은 존재할 수 없었고, 수십만 명의 BJ들이 몸매 노출과 19금 음란 행위로 엄청난 돈을 벌면서 결혼하지 않는 일도 없었다. 성형으로 탄생한 BJ들이 대한민국의 결혼 건수 감소와 저출산을 악화시킨 것이다.

5장
스폰

연예인 스폰 -VS- 일반인 스폰

스폰서. 보통 운동 선수들이 있는 팀을 후원하는 기업을 가리키는 단어로 사용되었던 이 단어가 언제부터 다른 의미로 쓰이고 있다. 요즘 스폰서는 돈이 많은 남성과 성매매를 하면서 대가로 돈을 받는 여성들, 바로 이들과 남성의 관계를 가리키는데 줄여서 '스폰'이라고 말한다.

이런 스폰 관계가 흔한 곳은 우리가 잘 알듯이 연예계다. 예를 들자면 어느 유명한 영화에 출연했던 여배우가 있었다. 그녀는 결혼하고 연예계 생활에서 은퇴를 했다. 하지만 이후 놀라운 사건으로 재조명되었다. 여배우가 엄청난 부자인 남성과 스폰을 하면서 수억 원짜리 고급 외제차를 선물 받고, VIP 신용카드까지 받아서 많은 돈을 썼던 것이다.

이후 그녀의 스폰은 남편에게 발각이 되고 말았다. 그때 남편은 용서를 하면서 아내에게 남성과 만나지 말라고 했다. 하지만 놀랍게도 여배우는 돈이 많은 스폰 남성을 포기할 수 없어서 계속 만났고, 결국 남편과 이혼을 하게 되었다.[57]

또 다른 사례도 있다. 여배우가 스폰을 하다가 결혼했고, 이후에도 꾸준히 스폰을 했다. 여배우가 받았던 돈은 강남의 30평대 아파트를 살 수 있었던 엄청난 금액이었다고 한다. 그러다가 스폰이 들키면서 여배우는 이혼하게 되었다.[58]

우리가 뉴스에서 봤던 여자 배우들의 이혼 원인이 '부부 사이의 성격 차이'라는 공식적인 이유가 완전히 거짓말이고, 진짜 이유가 '스폰'이라는 것이 흥미롭지 않은가?

연예계는 스폰이 가장 활성화된 곳이다. 옛날부터 연예인들의 스폰 관련 기사는 쏟아졌고, 신인 여자 연예인과 정말 유명한 여자 연예인의 사례는 익명으로 항상 언급되었다.

그러다가 마침내 스폰에 대해서 대한민국을 뒤흔들었던 방송이 나왔다. 우리에게 잘 알려진 유명한 SBS 시사 프로그램 〈그것이 알고 싶다〉가 2016년, 드디어 연예계의 스폰 문화를 집중적으로 취재하여 방송했던 것이다.[59]

그때 취재 결과는 정말 충격적이었다. 스폰은 어떤 여성들이 가장 많이 할까? 스폰을 주선하는 브로커는 자신이 관리하는 명단에서 가장 많은 부류를 다음과 같이 말했다.

'아이돌 걸그룹 데뷔를 준비 중인 여자 연습생들'

이뿐만 아니었다. 브로커는 스폰을 하는 여성들은 한 달에 기본적으로 1,000만 원을 받는다고 말했다. 그런데 추가 취재를 통해 더욱 놀라운 사실이 밝혀졌다. 여자 연예인들의 구체적인 스폰 금액까지 공개되었는데 유명할수록, 그리고 외모가 뛰어날수록 스폰 만남에 최대 수억 원 이상의 엄청난 금액을 지불해야 한다는 사실이 보도가 된 것이다.

그런데 그때 방송에서는 엄청난 사건이 있었다. 당시 SBS 〈그것이 알고 싶다〉 취재진이 마침내 우리나라에서 스폰을 하고 있는 여자 연예인들의 명단을 입수하게 되었던 것이다. 제보자가 취재진에게 다음과 같이 말할 정도였다.

"이름만 대면 깜짝 놀랄 사람들이 많아요. 이건 터지면 핵폭탄이에요. 정말 방송할 수 있겠어요?"

대한민국의 상위 0.1% 부자 남성들만 받을 수 있는 여자 연예인들의 스폰 리스트. 수백억, 수천억의 재산을 가진 남성들과 여자 연예인들 사이에서 벌어지고 있었던 충격적인 스폰 거래가 마침내 세상에 드러날 것 같았다.

　하지만 결국 스폰으로 성매매를 하는 여자 연예인들의 명단은 공개가 되지 않았다. 명단이 공개될 경우, 대한민국에 생길 충격을 고려해서였다. 그런데 그로부터 약 10여 년이 지난 지금, 진짜 심각한 문제는 따로 있다. 그것은 '연예인 스폰'이 아니라 바로 '일반인 스폰'이다.

인스타그램을 통해 보는 스폰녀들의 특징

 언론 보도 및 유튜브의 수많은 콘텐츠를 통해 사람들에게 많이 알려진 것처럼 스폰이라는 것은 이제 더 이상 과거처럼 여자 연예인들만 하는 고액의 성매매가 아니다.

 성형이 잘되어서 예뻐진 여성들 중 스폰을 한다는 사실을 숨긴 채, 돈 많은 남성들과 성매매를 하면서 월 수천만 원을 버는 경우가 많다면 당신은 과연 믿을 수 있겠는가?

 실제로 스폰하는 여성들을 구분할 수 있는 방법도 있다. 여성들이 스폰을 하는지 알고 싶다면 바로 여성들의 인스타그램을 살펴보면 된다. 이것도 역시 유튜브와 인터넷에 관련 자료가 많이 있는데 유명한 '스폰녀 특징' 시리즈를 요약해 보면 다음의 내용과 같다고 할 수 있다.

인스타그램에 명품 가방 사진이나 고급 외제차 사진과 함께 맨날 해외여행, 고급 호텔, 골프장에서 누가 찍어줬는지 알 수 없는 혼자 있는 사진을 올리고, 평소 운동을 열심히 해서 몸매 노출 사진과 영상을 꾸준하게 올리는 성형한 여성들.

그렇다. 스폰을 하려면 얼굴과 몸매가 모두 좋아야 하기 때문에 스폰녀들은 눈, 코 수술을 기본적으로 하는데 추가로 한 가지 주목할 점은 가슴 성형까지 한다는 것이다.
알다시피 가슴 성형은 평범한 여성들이 하지 않는 수술로 눈과 코를 성형한 여성들이 하는 최종 단계의 성형이라고 할 수 있다. 그래서 많은 스폰녀들이 가슴 성형을 즐긴다.

스폰녀들의 특징 중 한 가지 더 주목할 점은 바로 운동을 정말 열심히 한다는 것이다. 얼굴과 가슴을 성형했더라도 몸매가 좋지 않으면 남성에게 선택받지 못하기 때문에 이들은 운동에 목숨을 건다. 그리고 스폰녀들은 운동하고 나서 항상 인스타그램에 자신의 몸매를 노출하는 사진을 올린다. 또한 성형한 가슴을 드러내기 위해 고급 호텔의 수영장에서 야한 수영복을 입고 혼자 있는 사진을 많이 올리기도 한다.

이제 인스타그램에서 누가 스폰을 하고 있는지 알겠는가? 당연한 말이지만 직업의 유무로 판단하는 것은 불가능하다. 그렇다 보니 얼굴 성형, 가슴 성형, 명품, 고급 호텔, 외제차, 해외여행, 헬스, 야한 몸매 노출 사진과 영상, 사치스러움 등 스폰녀들의 여러 가지 특징을 종합해서 판단해 보면 여성이 현재 스폰을 하고 있는지, 또는 지금은 결혼했더라도 과거에 스폰을 했는지 여부를 쉽게 파악할 수 있다.

예를 들어 헬스만 하면 당연히 스폰녀라고 보기 어렵다. 그래서 종합적인 판단이 필요한데 위의 요소들 중 특히 얼굴 및 가슴 성형, 몸매 노출, 사치스러움에 주목해야 한다.

스폰을 하는 여성들은 보통 가슴까지 성형을 했고, 이를 바탕으로 인스타그램에 몸매 노출을 즐긴다. 또한 스폰으로 엄청난 돈을 벌었기 때문에 명품, 고급 호텔 등을 즐기면서 평범한 여성들과 다르게 사치스러운 생활을 한다.

그렇다 보니 얼굴과 가슴을 성형한 여성들은 스폰을 했던 과거를 숨기고 결혼을 했더라도, 습관은 숨기지 못해서 결혼 후에도 끊임없이 몸매 노출과 사치를 즐기는 것이다.

DM을 통해 벌어지는
충격적인 스폰 거래

여자 연예인들과 이름 있는 여성들의 스폰은 브로커가 있어서 돈이 많은 남성들과 주선을 해준다. 실제로 과거에 유명한 브로커 사건이 있었는데, 그는 연예인의 스타일리스트로 시작해서 스폰 브로커가 되었다. 결국 우리나라의 유명한 브로커가 된 그는 스폰을 원하는 돈 많은 남성들에게 다음과 같은 내용의 홍보용 문자를 보내기도 했다고 한다.[60]

'가수, 배우 등 뒤집어지는 애들 옵니다'
'미스코리아 대기 중'

그런데 이런 유명한 브로커가 일반인 여성들의 스폰에도 존재할까? 당연한 말이지만 일반인 브로커는 존재한다.

그럼 브로커는 어떻게 일반인을 모집하는가? 정답은 간단하다. 인스타그램으로 'DM(다이렉트 메시지)'을 보내서다. 그들의 눈에는 스폰을 하고 싶어하는 여성들이 쉽게 보인다. 성형하고 몸매를 노출하는 사진들을 계속 올리는 여성들이 바로 그런 부류다. 그래서 이런 여성들과 DM으로 소통하고 나서는 여자 연예인들을 관리하는 것처럼 '일반인 여성 스폰 리스트'를 만들고 꾸준히 스폰을 주선하는 것이다.

그런데 재미있게도 일반인 여성들의 스폰은 여자 연예인들의 스폰과 달리 브로커가 없이 진행되는 경우도 꽤 많다. 그럴 수밖에 없는 이유가 있는데 그것은 바로 브로커에게 주어야 하는 30% 이상의 수수료를 자신이 갖기 위해서다. 그렇다 보니 스폰녀들은 브로커를 통해 스폰을 주선받지 않고 자기가 직접 스스로 직거래를 하는 경우가 많다.

그럼 도대체 어떤 경로를 통해서 직거래가 이루어지는가? 첫 번째는 DM이라고 불리는 인스타그램 쪽지를 통해서다. 브로커만 스폰할 여성을 구하기 위해서 DM을 보내는 것이 아니다. 일반인 남성들도 스폰을 찾기 위해서 DM을 보낸다. 여성의 얼굴과 몸매 노출 사진들을 보고 남성들이 DM으로 스폰 제안을 하는데 성사가 되면 스폰이 진행된다.

그렇다 보니 이런 원리를 이용하여 요즘 스폰 사기가 많이 발생하고 있다. 월 1,000만 원 이상의 금액을 줄 것처럼 말하지만 성관계만 하고 도망치는 남성들이 늘어나고 있는 것이다. 지금부터는 법원의 판결을 통해서 언론에 보도가 된 몇 가지 유명한 관련 사건들을 소개하겠다.

어떤 남성이 인스타그램 DM으로 20대 여성에게 스폰을 제안했다. 그래서 여성이 남성과 성관계를 했는데 돈을 받지 못하자 고소했고, 남성은 징역 6개월을 받았다. 그런데 수사 과정에서 놀라운 사실이 밝혀졌다. 남성이 인스타그램으로 다른 여성에게도 스폰으로 월 1,000만 원을 주겠다고 접근했지만 성관계를 하고 돈을 주지 않았던 것이다.[61]

또 다른 사건도 있었다. 40대 남성이 인스타그램 DM으로 20대 여성에게 무려 월 2,000만 원을 주겠다고 스폰 제의를 했다. 그래서 여성이 남성을 만나고 성관계를 했다.

그때 남성은 여성에게 마음에 든다고 하면서 금액을 올려 무려 4,000만 원을 입금해 주겠다고 약속했다. 하지만 결국 남성은 돈을 주지 않았고, 화가 난 여성이 고소해서 법원은 결국 사기죄로 남성에게 징역 1년을 선고했다.[62]

이처럼 인스타그램을 통한 일반인 여성들의 스폰은 현재 우리나라에서 가장 활발하게 이루어지고 있는 성매매 방식이다. 앞의 사례들은 전부 사기였지만 실제로는 스폰을 하고 성매매 대가로 돈을 받는 여성들이 훨씬 더 많다.

이런 현상은 성매매의 거래 장소가 바뀌었다는 점에서 주목할 만하다. 과거에는 〈청량리 588〉같은 집창촌이 있어서 여성들이 몸매를 노출하고 있으면 남성들이 보고 선택하는 방식이었다. 그런데 지금은 여성들이 노출 사진을 인스타그램에 올리면 그것을 보고 남성들이 고른다. 사라진 집창촌이 인스타그램을 통해서 완벽하게 부활한 것이다.

클럽에 성형한 여성들이 많은 이유

　남성과 여성의 스폰 관계가 이루어지는 경로는 브로커 및 인스타그램뿐만 있는 것이 아니다. 여러분은 만약 성형을 한 일반인 여성들이 스폰을 구하기 위해 직접 돈 많은 남성들을 찾아다니고 있다면 과연 믿을 수 있겠는가?
　성매매로 많은 돈을 벌고 사치스러운 생활을 즐기기 위해 그녀들도 바쁘게 움직인다. 지금부터는 이들이 스폰을 찾는 다른 경로들을 추가적으로 소개해 보려고 한다.

　첫 번째 경로는 바로 앞서 소개했던 텐프로 같은 고급 룸살롱이다. 텐프로는 혀 빼고 전부 다 성형을 해서 연예인 수준으로 예쁜 여성들이 있는 룸살롱이라고 필자가 소개했다.

그리고 텐프로 여성들 중 최상위권 외모를 가진 여성들의 수입이 무려 월 5,000 ~ 6,000만 원이라는 자료를 앞서 봤다. 그런데 저 엄청난 수입에는 텐프로 여성들이 스폰을 통해서 돈이 많은 남성들에게 받는 돈도 포함되어 있는 것이다.

이런 점 때문에 성형한 여성들 중에서 최상위권의 외모를 가진 여성들이 자발적으로 텐프로에 온다. 텐프로는 수십억에서 수백억 이상의 재산을 가진 부유한 남성들만 출입하다 보니 이곳에서 남성을 잘 만나면 1년에 수억 원의 돈을 스폰으로 받고 편하게 살 수 있기 때문이다.

텐프로 바로 아래 수준의 외모를 가진 여성들이 모인 텐카페도 마찬가지다. 구독자 50만 명이 넘는 유명한 인터뷰 전문 유튜브 채널 〈잼뱅TV〉에서 텐카페 출신 여성을 인터뷰했던 적이 있었다. 그때 여성은 다음과 같이 말했다.[63]

"스폰 제안이 들어오면 현금으로 월 2,000만 원 정도 지원해 주고, 카드값 300 ~ 500만 원 정도. 그리고 집 월세까지 지원해 줘요. 이것은 좋은 케이스를 말씀드린 거고, 조금 낮은 단계의 스폰은 월 1,000만 원 정도라고 보시면 돼요."

그렇다. 텐프로, 텐카페 등 일반 룸살롱과 달리 성형으로 정말 누가 봐도 예뻐진 여성들이 모인 룸살롱에서는 저렇게 엄청난 돈이 오고 가는 스폰이 벌어진다. 쉽게 많은 돈을 벌려는 여성들이 텐프로, 텐카페에 가기 위해서 얼굴부터 시작하여 가슴까지 모두 성형을 하는 이유가 바로 이것이다.

여성들이 스폰을 위해서 다음으로 많이 찾는 장소는 바로 클럽이다. 아니, 클럽에서도 스폰이 이루어지냐고? 정말 놀랍지만 그렇다. 클럽에는 돈이 많은 남성들만 출입하는 소위 '고액 테이블 (VIP룸)'이라고 불리는 곳이 존재한다.

이곳의 VIP 손님은 하루에 수천만 원을 쓰는 남성들이다. 그렇다 보니 얼굴과 가슴을 모두 성형한 여성들은 바로 이런 부유한 남성들과 스폰을 하기 위해서 클럽을 방문한다. 직접 관계자의 이야기를 들어보면 더욱 이해가 쉬울 것이다.

앞서 소개한 인터뷰 전문 유튜브 채널 〈잼뱅TV〉에 강남의 가장 유명한 클럽에서 일했던 남성이 출연했다. 그때 인터뷰 진행자는 "강남 클럽에는 예쁜 여성들이 너무 많은데 그런 분들이 클럽에 몰리는 이유가 뭔가요?"라고 질문했다. 이 질문에 남성은 정말 놀라운 이야기를 들려주었다.[64]

"일단 비싼 술이 있고, 멋진 차들이 있고, 그런 돈 많은 남성들을 만나면서 용돈을 받고 스폰을 받는 그런 게 많이 있으니까요. 스폰을 받고 싶어하는 여성들이 굉장히 많더라고요. 정말 깼던 것은 이제 막 20살, 21살, 딱 봐도 어린 티가 나는 여성들이 고액 테이블(VIP룸)들을 어슬렁거리면서 돈이 많은 남자 손님들한테 스폰을 받으려고 하는 거죠.

클럽에서 일을 하다가 보면 친해지는 여자들이 생기잖아요. 그런 친구들이 저한테 클럽에서 아저씨들한테 스폰 받는 애들 이야기를 해줘요. 그렇게 스폰을 받는 여자들은 인스타그램을 보면 딱 알아요. 해외여행을 자주 가서 사진을 찍는데 주위에 사람들은 없고, 항상 자기 혼자만 찍힌 사진이 있죠."

이제 왜 강남의 유명한 클럽에 눈, 코, 윤곽, 가슴을 성형한 여성들이 비정상적으로 많은지 알겠는가? 얼굴과 몸매를 이용하여 남성들에게 관심을 받으려고 하는 것뿐만 아니라 스폰을 찾기 위해서다. 놀랍게도 많은 성형녀들이 클럽에서 자발적으로 성매매를 하고 있었던 것이다.

스폰을 하는 남성들은 누구인가

이쯤 되면 궁금해지는 것이 생긴다. 스폰하는 여성들의 특징은 알겠는데 그럼 반대로 도대체 어떤 남성들이 스폰을 하는 것일까? 돈이 많은 남성들이 스폰을 한다는 사실 외에 직업이나 연령 등 그들의 세부적인 사항에 대해서 아직까지 소개하지 않았다. 그래서 지금부터는 스폰을 하는 남성들의 특징에 대해 자세하게 소개를 하겠다.

여러분은 스폰을 하는 남성들의 직업 중 가장 많은 것이 무엇이라고 생각하는가? 앞서 본 SBS〈그것이 알고 싶다〉에서는 스폰에 대해 취재하면서 브로커에게 이 질문을 했다. 그때 브로커가 말한 대표적인 직업들은 다음과 같았다.

'대기업 이사, 대형병원 원장, 성형외과 의사'

그렇다. 대기업 이사, 대형병원 원장이라는 직업과 직위를 보면 알겠지만 나이는 50~70대, 모두 경제적 여유가 있다. 함께 언급됐던 성형외과 의사 같은 경우는 젊을 때부터 돈을 많이 벌다 보니 40대까지도 포함된다고 할 수 있다.

다른 기사를 살펴보면 스폰하는 남성들은 40~50대들이 많았다. 예를 들면 과거 유명한 스폰 관련 사건에서 알려진 남성들의 직업은 대기업 부장, 사업가, 의사였다.[65]

또한 스폰 브로커를 취재한 MBC 뉴스 취재 내용을 보면 기업 회장들도 스폰을 많이 즐긴다.[66] 이외에도 건물을 많이 소유한 남성들도 하는데 즉, 우리나라에서 수십억, 수백억, 수천억을 가진 40~70대 남성들이 스폰을 하는 것이다.

더욱 놀라운 사실은 스폰을 하는 돈 많고 늙은 남성들이 여러 명의 여성들과 동시에 스폰하는 경우가 많다는 점이다. 젊고 예쁜 여성들을 많이 만나는 것이 목적이기 때문이다.

실제로 여러 명과 스폰을 했던 기업 회장의 사례가 익명으로 보도된 적 있었다. 50대의 나이였던 중소기업 회장이 비서를 부려먹으면서 갑질을 하는 바람에 그 비서가 언론에 제보하여 스폰 사건이 알려지게 된 것이었다.[67]

그때 밝혀진 놀라운 사실은 모 기업 회장, 그것도 나이가 50대인 그 회장이 동시에 만나는 스폰녀들이 3명이나 존재한다는 것이었다. 비서는 회장의 지시에 따라서 스폰녀들의 아파트와 가전제품을 마련했다고 한다. 회장이 또한 스폰녀들과 먹을 음식도 사오라고 했으며 심지어는 스폰녀를 차로 데려오는 것도 지시했다니 정말 기가 막히지 않은가.

그런데 수많은 여성들이 스폰을 즐기는 이유는 무엇일까? 답은 간단하다. 스폰은 보통 나이 많은 남성들이 하다 보니 성관계를 적게 하면서 엄청난 돈을 벌 수 있기 때문이다.

스폰하는 남성들은 나이가 보통 50대 이상인 경우가 대부분이라서 약을 먹어야 성관계할 수 있고, 체력도 약하다. 그렇다 보니 스폰녀들 입장에서는 성관계를 거의 하지 않으면서 1년에 수억 원을 벌 수 있는 절호의 기회인 것이다.

오피처럼 성매매 업소에서 일하는 여성들을 떠올려보면 스폰이 얼마나 손쉽게 엄청난 돈을 버는 방법인지 이해할 수 있다. 오피 여성들의 수입은 앞에서 자료를 통해 보여주었던 것처럼 한 달 평균 1,500만 원이다. 하지만 이것은 한 달에 100명 정도의 남성들을 상대해서 버는 돈이다.

하지만 스폰녀들은 오피녀들과 다르다. 100명 정도가 아니라 한 사람을 월 4번 만나고, 만날 때 보통 1회 성관계를 하니 4회 성관계로 월 1,000 ~ 2,000만 원의 엄청난 돈을 번다. 그렇다 보니 스폰하는 남성들을 3명만 두어도 쉽게 월 3,000 ~ 6,000만 원을 벌 수 있다.

이뿐만 아니라 오피에서 일하는 여성들은 성형을 했지만 대박이 나지 않거나 평범한 여성들이다. 하지만 스폰을 하는 여성들은 성형을 해서 연예인 수준으로 예뻐진 여성들이다 보니 부유한 남성들이 월 1,000 ~ 3,000만 원 이상의 스폰 비용을 아끼지 않고 쓴다. 그렇다 보니 성형으로 대박이 난 여성들은 오피 같은 일반 성매매 업소에서 일하지 않고 쉽게 엄청난 돈을 벌기 위해 스폰을 찾는 것이다.

저출산과 스폰의 상관관계

이제 마지막으로 정리를 해보자. 스폰은 언제부터 이렇게 활성화가 되었을까? 그것은 바로 2000년대 중반부터라고 할 수 있다. 그때는 〈온라인 스폰 카페〉가 있었다.

당시 유명한 포털 사이트에 남녀가 회원가입을 하고 서로 스폰을 찾는 카페가 있었는데, 기사를 보면 2개 포털 사이트에 무려 770개의 스폰 카페가 있었다고 한다.[68] 이곳을 통해 부유한 남성들과 수많은 여성들의 성매매가 이루어졌다.

이때도 유명한 사건이 있었는데 직장인 남성이 명품샵을 운영하는 부자 행세를 하면서 11명의 여성과 성관계를 하고 스폰 비용을 주지 않아서 구속된 사건이다.[69] 요즘 유행하는 인스타그램 스폰 사기 사건과 똑같았던 것이다.

그럼 생각해 보자. 왜 스폰은 1990년대까지 조용했다가 2000년 중반부터 활성화가 되고 언론에 계속 보도가 되기 시작했을까? 이유는 정말 간단하다. 대한민국 성형 문화가 본격적으로 시작된 것이 2000년대이기 때문이다.

2000년대 전에는 성형 기술이 발달하지도 않았고, 성형을 하는 여성들의 비율도 적었다. 그렇다 보니 스폰을 할 수 있는 예쁜 여성들이 드물었고, 스폰이 있어도 극소수의 자연미인들만 해서 규모가 매우 작았다. 즉, 다시 말해 과거에는 스폰이 활발하게 이루어질 수 있는 환경이 아니었다.

하지만 2000년대부터 여성들에게 성형을 하는 문화가 확산되었다. 그 시작은 1980년대생의 여성들이었다. 이들은 1970년대생의 여성들과 다르게 적극적으로 성형했고, 특히 쌍꺼풀 수술은 기본적으로 하는 성형 문화를 만들었다.

이후 1990년대생, 그리고 2000년대생 여성들은 쌍꺼풀, 앞트임, 뒤트임, 코, 윤곽, 가슴 성형도 하는 등 성형 범위를 크게 넓혔다. 그 결과, 성형으로 예뻐진 외모를 이용하여 돈 많은 남성들과 스폰하는 여성들이 많아지면서 전 세계 1위 스폰 성매매 국가인 대한민국이 탄생하게 된 것이다.

그렇다. 흥미롭게도 스폰을 탄생시킨 것은 성형이다. 만약 성형이라는 희대의 사기 기술이 없었다면 대한민국에 지금처럼 예쁜 여성들이 존재할 수도 없었고, 이들이 스폰이라는 고액의 성매매로 엄청난 돈을 만지는 일도 없었다.

지금 당장 인스타그램에 접속해 봐라. 얼굴, 가슴을 모두 성형한 여성들이 몸매 노출 사진과 영상을 올리고 성매매를 할 손님을 찾고 있으며 스폰으로 벌었던 엄청난 돈을 가지고 사치를 즐긴다. 그래서 스폰하는 여성들의 인스타그램에는 명품, 해외여행, 고급 호텔에서 찍은 사진들이 넘친다.

많은 돈을 버는 직업을 가진 것도 아니고, 심지어 직업도 없는 여성들이 어디서 그런 엄청난 돈이 생겼는지 사치를 하면서 화려한 삶을 누린다. 브로커, 인스타그램, 클럽, 텐프로 등의 경로를 통해 스폰을 원하는 돈이 많은 남성을 만나고, 성매매 대가로 1년에 수억 원의 돈을 벌기 때문이다.

그런데 성형이 없었다면 스폰하는 여성들은 어떻게 살았을까? 당연히 평범한 외모를 가지고 결혼해서 아이를 낳고 정상적으로 살았다. 그랬을 여성들이 성형으로 예뻐지면서 스폰을 통해 성매매를 하는 여성으로 변해버린 것이다.

결국 수많은 여성들이 스폰을 통해 성매매를 하게 되면서 대한민국의 결혼 건수와 저출산도 심한 영향을 받게 되었다. 이유는 간단하다. 스폰으로 월 수천만 원을 벌었던 여성들이 평범한 월급을 버는 남성과 결혼해서 만족을 하고 사는 것이 가능하다고 생각하는가? 당연히 불가능하다.

스폰으로 월 수천만 원을 벌면서 명품 가방을 사고, 자주 고급 호텔에 가거나 해외여행을 다니면서 호화롭고 사치스러운 삶을 살았던 여성의 욕망을 평범한 남성은 절대로 채워줄 수 없다. 필자가 앞부분에서 우리나라의 여자 연예인들이 결혼하고도 스폰을 끊지 못해서 결국 들키고 이혼당한 사건들을 언급했던 이유가 바로 이것이라고 할 수 있다.

그렇다 보니 우리나라처럼 성형하고 스폰으로 성매매를 하는 여성들의 비율이 높은 나라는 심각한 저출산에 빠지게 된다. 여성들은 자기보다 돈을 못 버는 남성을 만나지 않기 때문에 스폰으로 엄청난 돈을 벌었던 여성은 평범한 남성과 결혼하지 않는다. 이런 원리로 대한민국의 결혼 건수 감소와 저출산의 원인들 중 하나가 바로 스폰인 것이다.

6장

세계

한국과 경쟁하는
중국의 놀라운 근황

　많은 사람들이 알겠지만 저출산은 우리나라만의 문제가 아니다. 현재 OECD 선진국들은 평균 1.5명 전후의 출산율을 기록하고 있다. 반면 놀랍게도 아프리카 대륙의 나라들은 모두 4~5명 이상의 출산율을 기록하고 있는 중이다.

　여성들의 사회 진출과 성형이 활발한 선진국들은 저출산이고, 정반대로 그런 일들이 없는 아프리카는 아이들을 많이 낳는 것이다. 그런데 지금부터 소개하려는 중국, 일본, 미국, 유럽에도 재미있는 이야기가 존재한다. 그중에서 가장 먼저 필자가 이야기를 해보려고 하는 나라는 중국이다.

　여러분은 중국이라고 하면 어떤 생각이 바로 떠오르는가? 중국은 인구가 무려 14억 명 정도라서 저출산과 전혀 상관

없는 나라로 생각하고 있었을 독자들이 많을 것이다. 하지만 중국이 정말 놀랍게도 한국보다 훨씬 심한 속도로 저출산을 겪는 중이라면 과연 믿을 수 있겠는가?

통계를 보면 중국 신생아 수는 2000년부터 2017년까지 무려 18년 동안, 연 1,600만 명 ~ 1,800만 명대를 꾸준히 유지했다. 그러다가 아래와 같이 변하게 되었다.

2016년 : 1,883만 명

2017년 : 1,723만 명

2018년 : 1,523만 명

2019년 : 1,465만 명

2020년 : 1,205만 명

2021년 : 1,062만 명

2022년 : 956만 명

2023년 : 902만 명

이 통계가 정말로 놀라운 이유가 있다. 세계 저출산 1위인 우리나라 신생아 수가 2002년에 50만 명이었고, 2022년에 25만 명을 달성했으니 절반이 될 때까지 20년 걸렸다.

그런데 중국은 어떤가? 2016년에 신생아 수 1,883만 명으로 2000년대 이후 정점을 찍었던 중국은 2023년 902만 명으로 신생아 수가 절반으로 감소하는 데 불과 7년 밖에 걸리지 않았다. 우리나라는 20년 사이에 25만 명이 줄었지만 중국은 7년 사이 무려 981만 명, 다시 말해 약 1,000만 명이나 줄어든 것이다. 이것은 전 세계에서 유래를 찾아볼 수 없는 속도의 심각한 저출산이라고 할 수 있다.

이런 결과가 충격적인 이유가 있다. 중국 정부는 예전에 시행한 1가구 1자녀 정책을 이미 2016년에 폐지하고 1가구 2자녀 정책으로 바꿨다가 2021년부터 1가구 3자녀 정책을 시행하고 있다. 하지만 저출산이 해결되지 않고 오히려 악화되고 있기 때문에 중국도 충격받고 있다. 흥미롭게도 중국이 우리나라의 강력한 저출산 라이벌이 된 것이다.

이런 중국의 저출산에 대해 언론이 꼽는 이유는 2가지다. 첫째, 남녀 성비 불균형이고 둘째, 중국의 전통으로 신랑이 결혼할 때 신부 집안에 주는 '결혼 지참금(차이리)'이다.

하지만 위의 두 가지 요소는 사실 중국 저출산의 결정적 원인이 아니다. 여기에는 당연히 논리적인 근거가 있다.

중국 통계연감을 보면 1985년 ~ 1990년에 태어난 중국 남녀의 평균 성비는 106.7 대 100으로 신생아 자연 성비인 105 대 100과 비슷하다.[70] 그리고 중국은 한국과 달리 보통 30살 전후에 일찍 결혼하다 보니 위의 연도에 태어난 중국 남녀의 결혼적령기는 2015년 ~ 2020년이다.

그런데 바로 위 시기에 중국에서 결혼 건수 감소와 그로 인한 저출산이 시작되었다. 성비 불균형이 크게 없었는데도 말이다. 결국 남녀 성비 불균형은 2010년대 후반부터 시작된 중국 저출산의 원인이라고 할 수 없는 것이다.

남녀 성비 불균형이 심해진 시기는 2000년대다. 2004년 121 대 100이었고, 2010년 118 대 100으로 문제가 생겼다. 그런데 2000년대생들은 지금 중국에서 결혼을 하는 나이가 아니므로 결혼 건수 감소와 저출산과 상관없다.

게다가 결혼 지참금(차이리)의 경우, 2010년대 중반부터 갑자기 액수가 커진 것도 아니다. 수십 년 동안 결혼 지참금 문화는 존재했고, 중국 남성들에게 부담스러웠지만 그래도 오랫동안 중국에서 결혼과 출산은 잘 이루어졌다.

중국의 저출산을 일으킨 것은?

그렇다면 어디서 중국 저출산의 원인을 찾을 수 있을까? 힌트는 우리가 앞서 봤던 연도에 있다. 2010년대 중반까지 신생아 수가 꾸준히 잘 유지되었다가 이후로 무너진 이유는 우리나라처럼 결혼 건수가 크게 감소했기 때문이다.

중국은 2013년 결혼 건수 1,346만 건으로 정점을 찍고 이후로는 감소하더니 2019년 927만 건, 2021년 763만 건, 2022년 683만 건으로 결혼 건수가 10년 사이, 무려 절반이 되었다. 한국처럼 중국도 결혼 건수 감소, 그로 인한 저출산이라는 공식을 따르는 중인 것이다.

그럼 이제 궁금해진다. 2013년 결혼 건수 정점을 찍었던 중국은 왜 10년 사이에 급격한 결혼 건수 감소를 겪으면서 저출산으로 붕괴가 되었을까? 책을 열심히 읽었던 독자라면 '설마 그것 때문인가?'라고 생각할 수 있을 것 같다. 그런데 재미있게도 여러분이 지금 떠올린 것이 정답이다.

2010년대 중반까지 어떤 문제도 없던 중국을 결혼 건수 감소와 그로 인한 저출산으로 이끌었던 것은 성비 불균형도 결혼 지참금도 아닌 '성형'이다. 우리나라와 똑같다.

중국은 우리나라와 성형 열풍이 일어난 시기가 10년 정도 차이가 있다. 우리나라가 2000년대부터 시작되었다면 중국은 2010년대부터 시작되었다. 이전의 중국은 성형에 굉장히 보수적이었다 보니 여러 가지 사건들이 있었다.

2003년, 전신 성형 후 자기 얼굴을 중국 언론에 공개했던 '하오루루'라는 여성은 중국에서 '인조 인간'으로 불리면서 조롱 받았다. 저런 별명이 붙은 것은 당시 중국 사람들에게 성형수술이 상당히 부정적이었기 때문이라고 한다.[71]

그런데 2004년에는 더욱 놀라운 사건이 있었다. 모델 '양위안'이 성형을 했다는 이유로 모델 대회 본선 진출 자격을 박탈당했던 것이다.[72] 이처럼 2000년대 중국에서는 우리나라와 다르게 상상조차 할 수 없는 일이 벌어졌다.

하지만 세월이 흐르면서 중국은 달라졌다. 성형해서라도 예뻐지는 것이 남성들에게 관심을 받고 살아가는 데 유리하다는 것을 중국 여성들도 깨닫게 되었기 때문이다.

그렇다 보니 성형했던 여성들의 후기가 사진과 함께 공유되면서 병원 정보가 교환되고 상담도 연결해 주는 스마트폰 앱 '겅메이'는 2013년 출시되었을 때 이용자 100만 명에서 2021년 이용자 3,600만 명으로 엄청나게 증가했다.[73]

이뿐만 아니다. 북경청년보 신문에 따르면 베이징의 성형 통계를 살펴보니 여름방학에 성형수술 받은 여성들 중 무려 60%가 만 18세 이하의 학생들이었다고 한다.[74] 중국도 우리나라처럼 어릴 때부터 쌍꺼풀 수술하는 것이 유행이다.

이런 상황에서 중국 성형외과협회 보고서에 따르면 중국 성형산업 규모가 무려 51조 원으로 밝혀져 충격을 주었다.[75] 대한민국 정부 예산이 600조 정도인데 여기서 12분의 1이 중국에서는 성형에 들어가고 있었던 것이다.

그런데 왜 성형이 중국에서 결혼 건수 감소와 저출산을 일으켰을까? 이유는 우리나라와 똑같다. 중국의 많은 여성들이 성형한 얼굴과 몸매를 이용하여 성매매, 스폰, 인플루언서 등으로 엄청난 돈을 버는 일이 생겼기 때문이다.

예를 들어보자. 중국에서 〈미녀 수용소〉라는 온라인 커뮤니티를 만들고 수백 명의 부자 남성들에게 VVIP 성매매를 알선한 성매매 브로커들이 붙잡힌 적이 있었다.[76] 그때 브로커들은 남성들에게 우리나라 돈으로 1회 무려 300만 원이 넘는 고액의 성매매를 알선한 것으로 드러났다.

그런데 이때 추가적으로 충격적인 사실이 밝혀졌다. 여성들이 한국에서 성형수술을 받고 들어와서 성매매를 했다는 점이었다. 예뻐야지만 남성 손님들의 선택을 받다 보니 세계 최고의 성형 국가인 대한민국에 원정 수술을 다녔던 것이다. 서울의 강남, 압구정 등에 성형을 하러 오는 중국 여성들이 많은 이유 중 하나가 바로 이것이라고 할 수 있다.

대한민국과 중국의 놀라운 공통점

중국을 흔들었던 유명한 사건이 한 가지 더 있는데 모델 '쑨징야'가 여배우들과 함께 VVIP 성매매를 해서 체포된 사건이다. 그때 쑨징야가 부자인 남성과 3일 동안 성매매하는 대가로 받은 돈이 무려 1억 원이라서 중국 사회에 큰 충격을 주었다.[77] 우리나라 돈으로 중국 대학 졸업자들의 한 달 평균 월급이 100만 원밖에 되지 않기 때문이다. 그런데 3일 동안 1억 원을 받았으니 중국인들이 얼마나 놀랐을까?

바로 여기가 성형이 중국을 붕괴시킨 이유를 더 확실히 알 수 있는 중요한 지점이다. 2010년대에 중국에서 성형이 활성화되면서 성형한 얼굴과 몸매로 엄청난 돈을 버는 중국 여성들이 넘치게 되었다. 중국도 우리나라처럼 스폰이 있고, VVIP 성매매가 있고 똑같기 때문이다.

문제는 이뿐만 아니다. 중국은 인구가 무려 14억 명으로 우리나라보다 13억 5천만 명 많다. 그럼 이것은 무슨 의미일까? 바로 VVIP 성매매와 스폰을 할 수 있을 만큼 엄청난 돈을 가진 부자들이 우리나라보다 훨씬 많다는 것이다.

그래서 예를 들면 10만 명의 중국 부자들이 각각 100명의 여성들과 스폰해서 1,000만 명에게 돈의 맛을 보여주면 중국의 결혼 건수는 미래에 1,000만 건이 사라진다.

실제로 중국의 부자들은 앞서 VVIP 성매매 사건에서 봤듯이 3일에 1억을 아무렇지 않게 쓸 정도로 씀씀이가 크다. 특히 베이징, 상하이의 부자들은 차원이 다르다.

이런 수많은 중국 부자들에게 성형은 신세계를 선물해 주었다. 중국에서도 자연 미인들이 소수였기 때문에 스폰이나 VVIP 성매매를 할 수 있는 외모의 여성들은 많지 않았다.

그런데 2010년대부터 성형 열풍이 불면서 중국의 수많은 여성들이 얼굴과 가슴을 성형하게 되었고, 부자인 남성들과 스폰, VVIP 성매매를 하면서 엄청난 돈을 벌었다.

이로 인해 2010년대 중후반부터 중국의 수많은 여성들은 결혼하지 않게 되었다. 성형하고 나서 예뻐진 덕분에 수많은 남성들의 관심과 함께 돈의 맛을 보게 된 여성들이 경제력을 보는 눈이 높아졌고, 그로 인해 평균 월급 100만 원을 받는 중국 남성과의 결혼을 거부하게 되었기 때문이다. 바로 이런 원리로 성형은 대한민국처럼 중국도 붕괴시켰다.

왕훙과 BJ들이
중국에 미친 영향

　중국 사회에 성형이 미친 영향들은 앞서 봤던 것만 있는 것이 아니다. 중국에서는 인플루언서를 '왕훙'이라고 하는데 이들은 성형을 하고 SNS를 통해 많은 구독자를 모아서 광고 협찬을 받거나 또는 자신의 구독자 수를 바탕으로 여러 가지 사업을 병행해서 1년에 무려 수백억 이상 벌기도 한다.

　그런데 어떻게 수백억이 가능할까? 바로 중국 인구가 약 14억으로 내수 시장이 크기 때문이다. 그렇다 보니 유명한 왕훙 '장다이'는 1년에 500억을 벌어서 화제가 되었다.[78]

　또 다른 왕훙 '반우윤'은 소득세로 176억을 납부한 것을 인증해서 중국 사회에 큰 충격을 주었다. 중국도 최고 세율 45%이므로 그녀는 1년에 300억을 넘게 번 것이다.[79]

바로 이런 왕홍들 덕분에 중국에서는 2010년대부터 성형 열풍이 거세졌다. 성형하고 인플루언서를 하면 수십 ~ 수백억을 벌 수 있다 보니 중국 여성들도 한국 여성들처럼 성형에 빠지게 된 것이다. 그래서 중국의 유명 대학인 푸단대학 부속 화산병원의 성형외과 전문의 무습정 교수는 중국 언론 '동방망'과의 인터뷰에서 다음과 같이 말했다.[80]

"왕홍들이 1990년대 이후에 태어난 여성 출생자들에게 큰 인기를 끌고 있다. 이에 수많은 젊은 여성들이 왕홍으로 성공하기 위해서 적게는 1만 위안 (200만 원), 많게는 20만 위안 (4,000만 원)을 들여 성형수술을 감행하는 중이다."

이뿐만 아니다. 왕홍의 예쁜 외모를 동경하다 보니 성형하는 여성들도 많다. 가장 유명한 사례가 바로 유명한 왕홍 '왕징'의 사례다. 그녀는 성형에 무려 2억을 투자해서 예뻐졌다 보니 의사를 고용하여 성형외과도 운영하고 있다.

그런데 왕징이 중국 언론에서 화제가 된 적 있었다. 바로 수백 명의 여성 팬들이 왕징처럼 예뻐지기 위해 그녀가 운영하는 성형외과를 방문하여 수술을 받았기 때문이다.[81]

중국에서는 여성들이 보통 20대에 결혼해서 1990년대생 여성들의 결혼적령기는 2010년대 중후반부터 시작이 된다. 그러나 앞서 봤듯이 많은 여성들이 성형하고 왕홍을 하면서 엄청난 돈을 벌게 되었고, 결국 눈이 높아져서 결혼을 하지 않게 되었다 보니 위의 시기에 저출산이 발생한 것이다.

마지막으로 중국을 붕괴시킨 것은 우리에게 정말 익숙한 BJ다. 여러분은 BJ들의 방송을 보는 중국 남성들의 숫자가 얼마나 되는지 아는가? 정답을 알아보도록 하자. 우리나라 레이싱 모델이 중국에서 BJ활동을 했던 적 있었는데 그녀는 SBS 〈모닝와이드〉 인터뷰에서 다음과 같이 말했다.[82]
"제가 중국에서 처음 BJ를 시작했을 때 90만 명이 동시에 시청을 했어요. 최고 시청자는 160만 명이었어요."

그렇다. 중국은 상상을 초월하는 BJ국가다. 그럴 수밖에 없다. 중국은 인구가 무려 14억 명으로 우리나라의 28배나 되다 보니 외모가 부족해서 여성들을 만나지 못하고 BJ한테 빠져버린 남성들의 숫자가 수억 명이 된다. 그래서 중국 BJ들은 한국 BJ들보다 압도적으로 많은 돈을 번다.

먼저 유명하지 않은 중국 BJ들의 수입을 살펴보자. 영국 방송 BBC가 상하이 출신의 BJ '리리'를 취재한 적 있었다. 그때 몸매를 노출하지 않고 오직 대화와 노래만 하는 그녀의 한 달 수입은 무려 4,000만 원이나 되는 것으로 드러났다. 무명 BJ인데도 연봉으로 약 5억을 벌고 있었던 것이다.[83]

그렇다 보니 유명한 BJ의 수입은 훨씬 더 많다. 대표적인 사례가 바로 BJ '펑티모'인데 그녀는 자신이 1년에 4,000만 위안을 번다고 말해서 중국 사회 전체를 흔들었다. 우리나라 돈으로 얼마인지 아는가? 80억이다. 중국 대학 졸업자 평균 연봉이 1,200만 원인데 그녀는 무려 80억을 벌었다.[84]

더욱 놀랍고 충격적인 사건도 있다. 우한시에서 평범하게 유치원 교사를 하던 예쁜 여성이 있었다. 그런데 여성이 온라인에 동요를 가르치는 영상을 올렸더니 수많은 남성들이 열광하면서 구독자가 무려 400만 명을 넘겼다.[85]

이후 그녀는 많은 남성들의 요청으로 1회성 방송을 했다. 그때 무슨 일이 벌어졌는지 아는가? 수많은 중국 남성들이 여성에게 도네이션(현금)을 계속 쏘면서 인터넷 방송 채팅 창이 일시적으로 마비가 되는 일이 벌어졌던 것이다.

그럼 과연 그녀는 얼마를 벌었을까? 놀라지 마시라. 하루 만에 50만 위안, 즉 우리나라 돈으로 무려 1억 원을 벌었다. 그런데 하루에 약 1억 원을 벌었으니 무슨 일이 생겼을까? 언론 보도에 따르면 그녀는 유치원 교사를 그만두고 본격적으로 BJ를 시작해서 3일 동안 방송으로 200만 위안을 벌었다고 한다. 우리나라 돈으로 약 4억 원이다.

유치원 교사로 월급 60만 원을 받던 중국 여성이 자기가 50년 이상을 일해야 벌 수 있는 돈을 3일 만에 벌게 되었다. 수많은 한국 남성들이 BJ들에게 빠져서 재산을 갖다 바치는 것처럼 중국 남성들도 똑같은 짓을 했기 때문이다.

그런데 중국의 여성 BJ들이 예쁜 이유는 무엇인가? 바로 성형 때문이다. 유튜브에서 중국 BJ들의 영상을 찾아보면 전부 성형녀들이다. 앞에서 언급한 1년에 80억을 벌었던 BJ 펑티모도 검색하면 충격적인 성형 전후 사진이 있을 정도다. 즉, 성형 때문에 한국처럼 중국도 문제가 생긴 것이다.

그럼 이제 궁금해진다. 왜 중국 남성들은 BJ들에게 빠졌을까? 놀랍게도 그 이유는 우리나라와 똑같다. 중국 정부가 강력한 성매매 단속과 처벌을 하고 있기 때문이다.[86]

중국은 과거에 성매매의 천국이었는데 특히 둥관 지역은 '성의 도시'라는 뜻의 '성도'라는 별명으로 유명했다. 하지만 2014년부터 중국 정부는 전국적으로 강력하게 단속을 시작했다. 그때 둥관에는 무려 6,000명의 경찰들이 투입되어서 2,000개의 업소가 단속되고 많은 업자들이 구속되었다.

그 결과, 업소에서 일을 하려고 했던 젊은 중국 여성들은 성형 후 온라인으로 가서 BJ가 되었고, 수억 명의 중국 남성들도 성매매 단속과 처벌의 공포 때문에 온라인으로 떠났다. 이로 인해 중국의 여성 BJ들도 한국 BJ들처럼 엄청난 돈을 벌게 되면서 결혼 건수 감소로 저출산이 악화된 것이다.

2023년, 중국의 출산율은 마침내 1.0을 기록했다. 중국은 2000년 ~ 2017년까지 신생아 수 1,600만 ~ 1,800만 명을 꾸준히 유지했는데 성형 때문에 결혼 건수 감소로 2023년 신생아 수는 2016년과 비교해서 무려 981만 명이 줄었다.

통계를 보면 중국에서는 1년에 무려 2,350만 명이 성형하는데, 대부분 여자 연예인들이나 왕홍들에게 영향을 받은 젊은 여성들이라고 한다.[87] 성형 비율 1위는 대한민국이지만 14억 인구 때문에 성형 규모 1위는 중국인 것이다.

정리해 보자. 수십 년 동안 저출산이 전혀 없었던 중국이 2010년대 중반부터 갑자기 무너진 이유는 간단하다. 중국 여성들의 사회 진출이 10배 늘었는가? 결혼 지참금이 10배 되었는가? 집값이 10배 폭등했는가? 전부 아니다.

정답은 1990년대생의 중국 여성들이 2010년대에 성형을 하고 남성들에게 많은 관심을 받았으며 성매매, 스폰, 인플루언서(왕홍), BJ를 하면서 엄청난 돈을 벌었기 때문이다.

그 결과, 수많은 중국 여성들이 한국 여성들처럼 남성의 조건을 보는 눈이 높아지면서 결혼 건수의 감소로 저출산이 생긴 것이다. 성형의 힘이 정말 놀랍지 않은가?

일본의 저출산 현황에 대하여

중국에 이어서 소개할 나라는 일본이다. 수많은 언론에서 보도했듯이 일본은 저출산 및 고령화가 심한 나라다. 그런데 우리나라보다 심하진 않다. 일본은 2000년 ~ 2023년까지 무려 24년 동안 출산율 1.20 ~ 1.45 사이를 계속 왔다 갔다 하면서 안정적으로 낮은 출산율을 기록하고 있다.

결혼 건수도 꾸준히 안정적이었다. 2005년 ~ 2018년에 일본의 결혼 건수는 연간 60 ~ 70만 건 전후였고, 신생아 수는 해마다 무려 90 ~ 100만 명대를 기록했다.

이런 양상은 최근에 깨졌는데 2023년 47만 건의 결혼 건수를 기록했고, 신생아 수도 2018년 92만 명에서 2023년 72만 명대로 약 20만 명이 감소한 것이다.

정리해 보면 일본은 재미있게도 안정적인 저출산 국가다. 일본은 1970년대 초반에 신생아 수가 200만 명으로 정점을 찍었는데 이것은 1970년에 한국이 100만 명을 기록하면서 정점을 찍은 현상과 똑같다. 그러다가 시대의 흐름을 피하지 못하고 다른 선진국들처럼 저출산 국가로 등극했다.

이런 점은 뒤에서 소개할 미국 및 유럽 같은 나라와 비슷하지만 한국 및 중국처럼 급진적인 저출산 국가와는 양상이 다르다. 그래서 한 가지 생각해 볼 문제가 있다. 일본에서는 선진국들 공통의 저출산 원인 외에 도대체 무엇이 결혼 건수 감소와 저출산을 이끌고 있는지 궁금해진다.

이쯤 되면 일본의 저출산 원인에 대해서도 '성형'이라고 생각하는 사람이 분명 있을 것이라고 생각한다. 한국, 중국처럼 급격한 결혼 건수 감소로 탄생한 저출산 국가들은 모두 성형의 영향을 심하게 받은 나라이기 때문이다.

하지만 일본은 앞서 봤듯이 2005년 ~ 2018년에 해마다 꾸준히 60 ~ 70만 건대의 결혼 건수와 90 ~ 100만 전후의 신생아 수가 있던 나라다. 즉, 성형이 있어도 한국과 중국에 비해 성형의 영향력이 훨씬 적었다고 볼 수 있다.

실제로도 일본 여성들은 한국과 중국 여성들처럼 성형을 많이 하지 않는다. 일본에 여행을 가봤던 사람들은 잘 알겠지만 일본 여성들의 외모가 어땠는가? 일본의 수도인 도쿄, 그리고 오사카 같은 곳을 다니면서 일본 여성들을 계속 보면 여러분은 다음과 같은 말을 저절로 하게 될 것이다.

"와, 일본 여자들 진짜 못생겼다."

그렇다. 흥미롭게도 일본에는 성형으로 예뻐진 여성이 우리나라처럼 흔하지 않다. 한국에서 길거리를 다녀보면 성형녀들이 넘치는 것과 대조적이다. 그 이유는 일본은 한국처럼 성형 문화가 보편적이지 않기 때문이다. 연예인, 모델, 인플루언서 등 외모와 몸매가 중요한 직업의 여성들을 제외하면 일반인들의 성형 비율이 우리나라보다 많이 낮다.

일본에 가보면 치열이 심각할 정도로 엉망인데도 치아 교정을 안 하는 여성들이 많다. 그런 모습을 떠올려보면 된다. 일본에는 전통적으로 자연적인 미를 추구하는 문화가 있다 보니 일반인 여성들의 성형 비율이 낮다고 한다.

잘생긴 남성을 원하는 일본 여성들

 물론 성형의 영향이 전혀 없다고 말할 수는 없다. 일본은 2020년대부터 저출산이 악화되었는데 이것은 2010년대에 어떤 현상이 발생했기 때문에 그 결과로 인한 것이다.

 여기에 성형이 원인으로 작용하기는 했다. 일본은 중국과 한국에 비해 상대적으로 성형을 적게 하는 것일 뿐, 성형을 하긴 한다. 그리고 성형 비율도 증가했다 보니 2018년에는 일본의 유명 언론인 요미우리 신문이 재미있는 기사를 보도한 적 있었다. 2009년 이후 9년 사이, 성형을 위해 최고의 성형 기술을 보유한 한국에 다녀왔던 일본 여성의 수가 무려 20배나 증가했다는 사실이었다.[88] 그런데 일본에는 저출산 원인으로 성형보다 훨씬 더 중요한 요소가 있다.

2022년 일본 정부의 〈제16차 출생 동향 기본 조사〉에서 재미있는 결과가 나왔다. 배우자가 될 남성의 외모를 본다는 여성들의 비율이 81.3%로 역대 최고를 찍어서 일본 사회에 큰 충격을 주었던 것이다.[89] 한국 여성들처럼 일본 여성들도 외모가 별로인 남성과 결혼을 하느니 차라리 개와 고양이를 자식처럼 키우면서 혼자 살겠다고 다짐한 거다.

실제로 일본 여성들이 남성들의 외모를 많이 보는 현상은 다른 곳에서도 찾아볼 수 있다. 바로 넷플릭스다. 2022년, 일본 넷플릭스 순위에서는 다음과 같은 드라마들이 순위를 차지했는데 1위부터 8위까지 함께 살펴보자.[90]

1. SPY X FAMILY
2. 이태원 클라쓰
3. 사랑의 불시착
4. 이상한 변호사 우영우
5. 환혼
6. 사내 맞선
7. 작은 아씨들
8. 기상청 사람들

조사 결과를 보고 놀란 사람들이 많을 것이다. 먼저 1위를 차지한 것은 일본의 유명한 애니메이션이다. 애니메이션 강국답게 일본 넷플릭스에서도 1위를 차지했다. 그런데 다른 나머지 작품들은 무엇인가? 놀랍게도 2위부터 8위가 전부 한국 드라마다. 일본 드라마는 순위권에 없다.

그런데 이런 한국 드라마들이 일본 여성들에게 인기 있는 이유가 무엇인지 아는가? 키 크고 잘생긴 한국 남자 배우들 때문이다. 배우 차은우 주연의 한국 드라마인 〈여신강림〉도 큰 인기를 끌었는데 그 결과, 일본 여성들에게 4대 천왕으로 유명해진 배우들이 탄생했다. 그들은 다음과 같다.

'현빈, 박서준, 차은우, 송강'

이제 왜 일본 여성들이 외모가 별로인 남성들과의 결혼을 거부하게 되었는지 알게 되었을 것이다. 위의 배우들은 모두 키가 크고 잘생겼으니 일본 여성들이 빠질 수밖에 없다.

특히 배우 현빈이 북한의 군인으로 연기를 했었던 드라마 〈사랑의 불시착〉은 일본 여성들에게 신드롬을 일으킬 만큼 큰 인기를 끌었다. 101년 전통의 일본 주간지 〈슈칸 아사히〉 표지 모델로 현빈이 등장할 정도였다.[91]

그렇다 보니 일본의 유명한 방송인 〈ANN 뉴스〉에서 일본 여성들에게 인터뷰를 했던 결과가 일본의 모든 온라인 커뮤니티를 흔들면서 남성들의 마음을 자극한 적이 있었다. 어떤 일본 여성이 다음과 같이 대답했기 때문이다.

"많은 돈을 벌기 어려운 세상이잖아요. 그럼 남자가 돈을 못 벌면 잘생긴 얼굴이라도 가져야죠."

그렇다 보니 81.3%의 여성들이 남성들의 외모를 본다는 정부 조사 결과가 나오고 나서, 일본의 언론은 유명한 사회학자이자 마케팅 디렉터인 '아라카와 가즈히사'와 인터뷰를 했다. 미래의 1인 가구에 대해 〈초 솔로사회〉라는 책을 썼던 그는 일본 언론과의 인터뷰에서 다음과 같이 말했다.[92]

"여성들이 남성의 경제력을 포기하고 외모를 고른 것이 아니라 남성의 경제력은 기본으로 보고 거기에 외모를 더한 것이다. 결혼할 때 보는 남성의 조건이 늘어났다는 것인데 일본 남성들에게 매우 힘든 상황이 된 것 같다."

초식남이 존재하지 않는 일본

많은 언론에서 일본의 저출산은 초식남 때문에 생긴 것이라고 한다. 남성들이 여성들에게 소극적이기 때문에 문제가 생겼다고 하는 것이다. 하지만 일본의 저출산은 앞에서 봤던 것처럼 여성들이 남성의 경제력과 함께 외모도 보게 되었다 보니 결혼 건수 감소로 발생한 것이라고 할 수 있다.

그럼 초식남 현상은 어떻게 볼 수 있을까? 초식남은 '여성에게 관심 없는 남성'을 뜻하는 표현으로 오랫동안 일본에서 사용되었다. 하지만 필자는 초식남은 없다고 본다. 여성에게 '진짜' 관심이 없는 남성은 세상에 없기 때문이다.

여러분은 인터넷 또는 유튜브를 통해 일본 남성들의 문화에 대한 자료를 본 적 있는가? 일본 남성들이 현실에서 여성들에게 소극적인 것은 사실이기는 하다. 그렇다고 해서 초식남이라고 할 수 없는 이유는 이들이 반대로 애니메이션이나 만화 속의 여성 캐릭터들에게 빠져서 지내기 때문이다. 이런 남성을 가리키는 유명한 단어가 바로 '오타쿠'다.

인터넷에서 '일본 오타쿠'라고 검색해 보면 많은 사진이 나온다. 애니메이션에 나오는 여성 캐릭터의 모습을 베개에 인쇄해서 그 베개를 껴안고 자는 모습, 자기 방을 여성 캐릭터의 그림으로 가득 채운 모습 등이다.

그런데 이렇게 애니메이션 여성 캐릭터를 좋아하는 남성들이 정말 여성에게 관심없다고 생각하는가? 그들은 여성을 좋아하지만 자신의 외모 때문에 현실에서는 여성을 만나기 어렵다 보니 여성 만화 캐릭터에 몰두하는 것이다.

이뿐만 아니다. 우리나라 남성들은 인터넷 커뮤니티에서 일본을 '성진국'이라고 부른다. 선진국이 아니라 성진국으로 표현한 이유는 간단하다. 그만큼 성에 대해 개방적이기 때문이다. 가장 대표적인 사례가 AV 영상으로 우리가 보통 '야동(야한 동영상)'이라고 부르는 것인데, 남녀 배우의 성관계를 촬영하고 동영상을 직접 오프라인으로 판매할 정도다.

이 책을 보는 남성들은 일본 AV 업계의 규모와 영향력을 잘 알고 있을 것이다. 왜냐하면 모두 어둠의 경로를 통해 AV 영상을 봤던 경험을 갖고 있기 때문이다. 그렇다 보니 정말 재미있게도 한국 남성들은 일본 여자 연예인들은 모르지만 유명한 일본 AV 배우들의 얼굴과 이름은 잘 알고 있다.

그런데 AV 배우에 대한 사랑은 일본 남성들이 훨씬 압도적이다. 이들은 좋아하는 AV 배우의 영상을 모두 구매하고 팬미팅에도 참석한다. 그렇다 보니 AV 배우들은 '팬 감사제'라고 해서 작품을 많이 구매했던 남성들을 초대하여 자신과 직접 성관계할 수 있는 기회를 제공하기도 한다.

이렇게 일본은 상상을 초월할 정도로 AV 업계가 활성화되어 있는데 규모가 얼마인지 아는가? 무려 10조 원이다.

이쯤 되면 한 가지 궁금해진다. 일본에는 외모가 부족한 남성들이 여성을 만날 수 없어서 애니메이션 속 여성 캐릭터 또는 AV 배우들에게 빠져있는데 그렇다면 BJ들에게 별풍선을 쏘는 것은 없을까? 정답은 일본에도 여성 BJ들이 있지만 우리나라처럼 1년에 수십억을 벌 정도는 아니고, 일반 회사에서 월급을 받는 정도로 수입이 평범하다는 것이다.

이제 퀴즈를 내보겠다. 왜 일본은 한국과 달리 BJ문화가 발달하지 않았을까? 여기에는 당연히 이유가 있다.

일본은 놀랍게도 성매매는 불법인데 유사 성행위는 합법적으로 허용하고 있다. 그렇다 보니 많은 업소(풍속점)들은 건전한 곳으로 간판을 걸지만 안에서는 성관계를 한다.

남성과 여성을 현장에서 적발해도 유사 성행위만 했다고 말을 하면 체포하기 어렵다. 즉, 일본은 안전하게 성매매를 할 수 있다 보니 BJ들에게 빠진 남성들이 없는 것이다.

이외에 일본은 길거리 성매매까지도 활성화가 되어 있다. 거리에 젊은 여성들이 서있으면 남성들이 말을 걸고 자리를 옮겨서 성매매하는 '파파카츠' 문화가 유명하다. 유튜브에서 '파파카츠'라고 검색해서 영상을 보면 놀라울 정도다.

그럼 이제 결론을 내리자. 오타쿠, AV 업계, 파파카츠. 이 3가지 현상을 보면서 여러분은 아직도 일본 남성들이 여성들을 멀리하고 싫어하는 초식남이라고 생각하는가?

결국 일본 남성들이 초식남이라서 일본에 저출산이 생겼다는 이야기는 완벽한 거짓말이라고 할 수 있다.

일본은 왜 한국보다
결혼 건수가 많을까

일본 여성들도 남성들의 외모를 보다 보니 저출산이 악화되고 있지만 그럼에도 불구하고 일본은 우리나라보다 결혼 및 출산이 매우 원활하게 이루어지고 있다. 이유가 궁금하지 않은가? 그것은 흥미롭게도 문화적인 영향 때문이다.

첫째, 일본에는 여성이 남성을 떠받들고 순종하는 문화가 만연하다. 그렇다 보니 '여자력'이라는 유명한 용어가 사용된다. 우리말로 표현하면 '여성스러움'이라고 할 수 있다.

예를 들어서 여성이 요리를 잘하거나 친절하게 행동을 할 경우, 그 여성에게 일본 남성들은 다음과 같이 말한다.

"와, 정말 여자력이 높으시네요."

이런 말을 한다면 한국에서는 9시 뉴스에 보도가 되면서 난리가 날 것이다. 하지만 일본 여성들은 좋아한다. 자기가 여성스럽다는 것을 남성들에게 인정받았기 때문이다.

그런데 일본의 놀라운 문화는 이뿐만이 아니다. 여러분은 일본에서 남녀가 데이트를 하면서 고기를 먹을 때, 여성들이 고기를 전부 구워준다는 유명한 사실을 알고 있는가?

여성들을 배려하기 위해서 대한민국 남성들이 하는 모든 행동을 일본에서는 여성들이 한다. 남자친구 또는 남편에게 수저를 챙겨주고, 식당에서 고기를 모두 구워주는 모습들은 일본에서 정말 흔하게 볼 수 있는 풍경들이다.

그래서 일본 여성들이 한국 남성들을 사귀면 남자친구가 고기를 구워주는 모습에 놀란다고 한다. 유튜브에 있는 많은 일본 여성들의 인터뷰에서 항상 언급되는 내용이다. 이처럼 대부분의 일본 여성들은 남성들에게 순종적이다.

둘째, 일본은 결혼식을 안 하는 부부가 많다. 이것을 가리켜서 '나시혼(ナシ婚)'이라고 하는데 여기서 '나시(ナシ)'는 일본어로 '없음'을 뜻하고 '혼(婚)'은 결혼식을 뜻한다. 즉, 쉽게 말하면 결혼식이 없다는 것이다.

일본 부부들이 얼마나 많이 나시혼을 하는지 알 수 있는 통계가 있는데 보면 정말 놀랍다. 2011년, 혼인 신고를 했던 부부는 67만 쌍이었는데 2011년의 결혼식은 35만 건 정도였다. 무려 48%의 부부가 결혼식을 생략했던 것이다.

그럼 일본에는 왜 나시혼이 많을까? 그 이유는 돈을 절약하기 위해서다. 실제로 일본의 유명 주간지 〈다이아몬드〉가 나시혼을 한 여성들에게 결혼식을 치르지 않은 이유를 설문조사하자, 1위를 차지한 대답은 다음과 같았다.[93]

'결혼식 비용이 많이 들 것 같아서'

셋째, 일본은 신혼 부부가 돈이 없으면 작은 크기의 방을 구해서 월세를 주고 신혼 생활하는 문화가 있다. 우리나라는 월세방에서 신혼 생활하는 것을 좋아하지 않기 때문에 모든 부부들이 대출을 해서라도 아파트에서 거주하려고 한다.

하지만 일본은 다르다. 일본 여성들은 남성들에게 순종적이다 보니 자기 남편이 돈이 없어도 함께 이겨내자는 생각으로 월세방부터 시작하는 경우가 흔하다. 그렇다 보니 일본에서는 결혼할 때 남성이 집을 마련해야 한다는 부담도 없어서 우리나라보다 결혼 건수가 훨씬 많은 것이다.

결론적으로 앞의 내용을 요약해 보면 일본의 결혼 건수와 출산율이 우리나라보다 높은 이유는 돈이 없는 일본 남성도 결혼하기 수월하기 때문이라고 정리할 수 있다.

추가적으로 이 사실을 뒷받침해 주는 통계 자료가 있다. 일본 총무성이 조사했던 35~44세 일본 남성의 연 소득에 따른 혼인율 자료가 있는데 아래에서 보도록 하자.[94]

- 8,000만 원 미만 : 89.2%
- 4,000만 원 미만 : 82%
- 2,000만 원 미만 : 55.1%
- 1,000만 원 미만 : 40.4%

그렇다. 정말 놀랍게도 우리나라와 다르게 일본에서는 연 소득 1,000만 원 ~ 2,000만 원 미만 남성들도 결혼을 많이 한다. 돈 없는 남성들도 순종적인 일본 여성들 덕분에 결혼식을 생략하고 작은 월세방에서 신혼 생활을 시작할 수 있다 보니 일본의 저출산이 우리나라보다 훨씬 덜한 것이다.

미국과 유럽의 충격적인 실태

이제 미국과 유럽을 보자. 일단 미국 같은 경우는 2023년 출산율 1.62로 역대 최저치를 기록했다. 미국도 오래전부터 저출산 국가가 되었는데 그나마 버티고 있는 이유는 수많은 이민자들 덕분이다. 예를 들면 2017년 신생아 수 400만 명 중에서 무려 80만 명이 이민자 가정의 자녀였고, 이민자의 출산율은 2.18로 미국 평균보다 높았다.[95]

그런데 여러 나라에서 미국으로 이민을 온 사람들 덕분에 버티는 미국도 앞으로 10년 안에 더욱 심한 저출산을 겪을 수밖에 없다. 가장 큰 원인은 놀랍게도 우리나라와 똑같다. 얼굴과 가슴을 성형하고 나서 BJ활동으로 엄청난 돈을 버는 젊은 미국 여성들이 넘치고 있기 때문이다.

유명한 사례가 있다. 미국에서 가장 유명한 BJ이자 스트리머인 '아모런스'다. 그녀는 우리나라의 〈아프리카TV〉같은 플랫폼 〈트위치〉에서 BJ활동도 하고 〈온리팬스〉를 통해 자신의 야한 사진과 영상을 남성들에게 판매하고 있다.

그런데 그녀가 2020년 1월부터 2024년 1월까지 자신이 벌어들인 수입을 공개해서 미국 사회에 충격을 주었던 일이 있었다. 과연 얼마를 벌었길래 화제가 되었을까? 아모런스는 직접 온리팬스 사이트의 수입 내역 부분을 캡쳐해서 공개했는데 4년 동안 그녀가 벌었던 수입은 다음과 같았다.[96]

'763억'

여러분은 '성형'파트에서 우리나라 여성 BJ가 온리팬스를 통해서 2년 동안 26억을 벌었던 자료를 본 기억이 나는가? 그것과 비교가 되지 않을 정도로 엄청난 수입이다.

아모런스는 4년 동안 763억, 1년에 약 200억 가까이 되는 수입을 성형하고 노출로 벌었다. 심지어는 트위치 방송과 유튜브 수입은 제외된 것이기 때문에 미국에서는 4년 동안 그녀가 벌었던 총 수입을 1,000억 정도로 본다. 미국에서도 성형은 여성들이 쉽게 엄청난 돈을 벌도록 만든 것이다.

이처럼 현재 미국의 큰 문제점은 우리나라처럼 성형하고 온라인에서 BJ로 활동을 하거나 야한 영상과 사진을 팔아서 엄청난 돈을 버는 여성들이 넘치고 있다는 것이다.

또 다른 사례로 '아모런스'만큼 유명한 미국 여성이 한 명 더 있는데 그녀의 이름은 바로 '브라이스 아담스'다. 그녀는 얼굴과 가슴을 성형하고 온리팬스를 통해 사진과 영상을 팔아서 1년에 640만 달러, 무려 93억을 벌었다.[97] 이렇게 많은 돈을 벌 수 있는 이유는 간단하다. 미국은 인구가 3억 4천만 명이라서 외로운 남성들이 한국보다 훨씬 많기 때문이다.

그럼 이제 한 가지 궁금한 것이 생긴다. 왜 미국도 저렇게 온라인에서 난리일까? 왜 미국 남성들은 성관계할 수 없는 여성들의 야한 사진과 영상을 온라인으로 구매해서 보고 성욕을 해소할까? 책을 열심히 봤던 독자는 바로 정답을 말할 수 있을 것이다. 그것은 미국의 성매매 단속 및 처벌이 한국, 중국만큼 상상을 초월할 정도로 강력하기 때문이다.

미국은 유럽과 달리 성매매가 불법이고 적발되면 벌금도 모자라서 감옥에도 가는 경우가 많다. 최악의 경우, 주황색 죄수복을 입고 사진이 찍혀서 얼굴과 함께 공개된다. 그렇다 보니 수많은 미국 남성들도 한국 남성들처럼 단속과 처벌이 무서워서 결국 성매매 업소 대신 BJ들에게 빠졌다.

결론적으로 강력한 성매매 단속과 처벌 덕분에 많은 미국 성형녀들이 BJ 및 온리팬스 활동을 통해 엄청난 돈을 벌게 되었다. 그러니 결혼이 잘 이루어지겠는가? 한국, 중국처럼 미국에서도 똑같은 일이 벌어지고 있는 것이다.

그런데 미국에서 벌어지고 있는 충격적인 일들은 이것뿐만이 아니다. 미국은 놀랍게도 우리나라처럼 여성들을 스폰하는 문화가 활발한 곳이다. 심지어 스폰을 주선하는 인터넷 사이트까지 있어서 만남이 정말 쉽게 이루어진다.

유명한 스폰 사이트의 가입자들 중 무려 75%가 미국인이라서 보도가 된 적이 있었는데 가입한 미국 남성들의 평균 연령은 42세였고, 역시 돈이 많은 사업가들이 가장 많았다. 반대로 여성들은 평균 24세, 대학생들이 가장 많았다.[98]

이들의 관계를 미국에서는 '슈가 대디' '슈가 베이비'라고 하는데 이미 2010년대부터 심각한 문제가 되었다. 하지만 남녀가 호감을 갖고 만나는 것으로 여겨지다 보니 성매매로 처벌하는 것이 불가능해서 지금은 더 활성화되었다.

그럼 이제 생각해 보자. 미국의 여대생들이 스폰으로 월 수백만 원 이상을 벌었는데 훗날 평범한 경제력의 남성들과 결혼하겠는가? 스폰은 우리나라처럼 미국에서도 결혼 건수 감소를 일으키는 심각한 원인이라고 할 수 있다.

그런데 유럽은 조금 다르다. 유럽도 다른 나라처럼 돈이 많은 남성과 젊은 여성 간의 스폰이 있지만 BJ처럼 온라인으로 엄청난 돈을 버는 사례들은 없다. 왜 그럴까? 이번에도 책을 열심히 읽었던 독자라면 정답을 말할 수 있을 것이다. 그렇다. 유럽에서는 성매매가 합법이기 때문이다.

네덜란드, 독일이 특히 유명한데 이곳의 집창촌은 우리나라의 과거 〈청량리 588〉처럼 어둡게 되어있지 않다. 오히려 식당, 술집, 사우나, 숙박 기능을 모두 포함하고 있는 호텔과 같다. 구글에서 독일의 유명한 집창촌 〈FKK〉 또는 〈OASE〉를 검색해 보면 고급 호텔 같이 생긴 모습에 놀란다.

결론적으로 유럽은 성형녀들이 온라인으로 BJ 활동을 하면서 돈을 벌기 어렵다. 왜냐하면 남성들이 합법적으로 돈을 주고 쉽게 성관계를 할 수 있으니까. 이미 잘 알려진 것처럼 유럽은 성매매에 대한 인식 자체가 우리나라와 다르다.

예를 들면 독일에는 집창촌의 이름이기도 한 'FKK'라는 유명한 문화가 있다. 독일어 'Frei - Korper - Kultur'의 줄임말인데 '자유로운 몸의 문화'라는 뜻이다. 이런 문화를 바탕으로 독일에서는 성매매 업소가 합법적으로 운영된다. 이처럼 유럽은 신체는 개인의 소유이기 때문에 정부가 통제할 권리가 없다는 생각으로 성매매를 자유롭게 둔다.

반대로 한국, 중국, 미국 같은 나라는 정부와 경찰이 강력하게 통제를 한다. 그렇다 보니 성매매 단속과 처벌이 심한 이런 나라의 남성들은 경찰이 무서워서 컴퓨터 앞으로 가게 되었다. 그 결과, 위의 3개 나라에서는 여성들이 온라인으로 몸매 노출만 해도 엄청난 돈을 버는 현상이 벌어졌다.

참고로 대한민국은 유럽과 다르게 집창촌들을 폐지했다. 그랬더니 온라인에 집창촌이 생겼고, 외모가 부족해서 여성을 만날 수 없는 수백만 명의 남성들이 그곳에서 BJ들에게 재산을 갖다 바치고 있다. 그 결과, 집창촌이 있던 시절보다 여성들이 훨씬 더 많은 돈을 벌면서 결혼 건수 감소와 저출산으로 나라가 무너졌으니 참 아이러니하지 않은가?

상대적으로 높은 유럽 출산율의 비밀

　많은 언론에서 유럽의 저출산 정책을 소개하고 우리도 그렇게 해야 한다는 식으로 말을 한다. 가장 대표적인 사례가 영국과 프랑스인데 두 나라는 부모의 육아 부담을 줄이는 정책을 쓴다. 예를 들면 영국 같은 경우는 무상 보육, 프랑스는 탁아소 운영, 출산 휴가 및 육아 휴직 기간 연장 등이 대표적이다. 이들의 정책 방향은 일과 육아의 양립을 추구하는 우리나라의 저출산 대책과 일치한다. 그럼에도 불구하고 영국 및 프랑스의 출산율은 2023년 기준, 다음과 같다.

　- 영국 : 1.57명
　- 프랑스 : 1.68명

그렇다. 우리나라의 출산율보다 높지만 경제 선진국으로 불리는 OECD 국가들의 평균 출산율과 다르지 않고 2명도 안 된다. 두 나라는 일과 육아의 양립을 추구하면서 다양한 정책들을 지난 20년 동안 사용했지만 출산율이 더 떨어져서 지금에 이르렀다. 그래도 출산율이 우리나라보다는 높으니 정책들이 성공했다고 볼 수도 있다. 이런 이유로 우리나라의 언론과 대학 교수들은 유럽의 저출산 정책을 칭찬한다.

그런데 유럽의 출산율이 상대적으로 높은 현상에는 다른 이유가 있다. 여러분은 영국에서 2022년에 태어났던 남자 신생아의 이름 중 가장 흔한 것이 무엇인지 아는가? 정답을 알면 놀랄 것이다. 그것은 바로 다음과 같은 이름이다.[99]

'무함마드 (Muhammad)'

위의 이름은 세계적으로 유명한 이슬람교 창시자의 이름이다. 그런데 왜 이슬람교 창시자 이름이 영국의 남자 아기한테 붙었을까? 답은 간단하다. 영국에는 이민자들이 매우 많은데 그들 대부분이 이슬람교 신도들이다. 즉, 무슬림들이 영국에 살면서 자녀를 많이 낳는 것이다. 그렇다 보니 위의 이름은 2008년에도 영국에서 1위를 차지한 적 있었다.

193

무슬림들은 종교적인 분위기 때문에 자녀를 많이 낳는다. 무함마드의 언행을 기록한 '하디스'는 이슬람 국가에서 많은 사람들이 삶의 기준으로 여기는데 이 책에는 '아이들이 없는 집안은 축복을 받지 못한다'라는 말이 있을 정도다.

그렇다 보니 유명한 이슬람 국가인 요르단, 시리아, 사우디아라비아는 과거에 출산율 7.0이 넘었다. 하지만 여성의 교육 확대와 사회 진출로 지금은 2명 중후반이고, 같은 원리로 유럽 무슬림 여성 출산율도 2.6으로 과거보다 줄었다.[100] 그래도 여전히 높아서 유럽을 지켜주고 있는 것이다.

결국 유럽의 출산율은 이민자들과 무슬림들에 의한 거품이다. 유럽의 또 다른 국가인 독일의 경우, 연간 신생아 수의 무려 25%가 이민자 가정의 아이들인데 이민자 여성이 독일 원주민 여성보다 아이를 훨씬 많이 낳는다.[101]

즉, 이민자들과 무슬림들이 없으면 유럽의 출산율은 1명 초반 정도가 되었을 것이다. 그런데 세상은 철저하게 진실을 숨기고, 유럽이 일과 육아를 뒷받침하는 저출산 정책을 써서 출산율이 높은 것처럼 말한다. 황당하지 않은가?

동아시아 국가들은
왜 저출산인가

언론에서 우리나라만큼 저출산이 심각한 나라로 손꼽는 동아시아 국가들이 있다. 이미 소개했던 중국과 일본을 제외하고, 나머지 국가들의 최근 출산율은 다음과 같다.

- 태국 : 0.95
- 대만 : 0.87
- 홍콩 : 0.77
- 싱가포르 : 0.97

여기서 집중적으로 소개할 국가는 태국이다. 흥미롭게도 태국의 저출산은 우리나라와 관련이 있기 때문이다.

여러분은 한국에 원정 성형을 오는 국가 1위가 어디인지 아는가? 이미 정답을 알겠지만 놀랍게도 태국이다. 중국과 계속 경쟁하더니 최근에는 1위를 차지했다.[102]

그런데 흥미로운 사실은 여기서 끝나지 않는다. 여러분은 우리나라에 있는 불법 체류자 중에 태국인의 비율이 얼마나 되는지 아는가? 법무부 통계에 따르면 무려 78%다.[103]

이제 퀴즈를 내보겠다. 한국 원정 성형 1위, 압도적 불법 체류 1위 국가가 태국이라는 것이 무엇을 말해주는 것일까? 조금 어려울 수 있으니 바로 정답을 말해주겠다.

필자는 앞서 우리나라 성매매 산업에 대해 이야기하면서 오피스텔에서 벌어지는 유명한 성매매인 '오피'를 언급한 적 있었다. 그런데 현재 유행하는 오피는 '한국 오피'가 아니다. 한국 오피는 거의 무너졌는데 여기에는 이유가 있다.

잘 생각해 보자. 요즘 스폰하는 여성들, 온라인에서 몸매 노출을 하는 수많은 여성 인플루언서, BJ, 유튜버들이 과거였다면 어떤 일을 했을까? 그렇다. 바로 오피에서 일했을 것이다. 그런데 이런 여성들이 지금은 모두 스폰과 온라인으로 빠지면서 공급 부족으로 한국 오피는 붕괴되었다.

바로 그 자리를 대신 차지한 것이 놀랍게도 '태국 오피'다. 구글에 검색을 해보면 성매매 광고 사이트가 엄청나게 많다. 그런데 예를 들어서 인터넷 사이트에 '오피' 광고 배너들이 100개 있다고 하면 무려 90개 정도가 태국 오피일 정도다. 이런 사이트들이 지역마다 있기 때문에 실제로 태국 오피의 숫자는 더 많고, 전국 각지에 퍼져있다고 할 수 있다.

뉴스를 찾아봐도 이것은 사실이다. 예를 들면 경남경찰청에서 불법체류자인 태국 여성들을 고용해서 오피를 운영한 일당을 체포한 사건이 있었다.[104] 그리고 조사해 보니 김해, 거제, 순천, 울산, 양산 등에서 태국 오피가 운영되었다는 사실이 밝혀졌다. 이외에도 오산, 제주도, 부산, 서울 등 끝이 없다. 인천에서는 무려 300명의 태국 여성들을 입국시키고 성매매를 알선한 일당이 적발되기도 했다.[105]

그럼 이제 한 가지 더 궁금해진다. 왜 태국 여성들은 자기 나라 태국 대신 한국에 와서 성매매를 하는 것일까? 이유는 간단하다. 한국 남성들의 태국 오피에 대한 수요가 상상초월할 정도로 엄청나고, 덕분에 한국에서 번 돈을 태국의 화폐 가치로 바꾸었을 때 부자가 될 수 있기 때문이다.

태국 오피에 대한 수요가 높은 결정적 이유는 상대적으로 낮은 가격 때문이라고 할 수 있다. 한국 오피는 1회에 최소 20만 원 이상으로 비싸지만 태국 오피는 10만 원이다 보니 수많은 한국 남성들이 태국 여성들을 찾게 되었다.

즉, 과거에 존재했던 〈청량리 588〉같은 집창촌처럼 술을 전혀 마시지 않고 상대적으로 저렴한 비용으로 성욕만 해소할 수 있는 곳이 거의 사라져버린 대한민국에서 태국 오피는 집창촌의 완벽한 대체 역할을 하게 된 것이다.

그렇다 보니 태국 여성들이 한국에서 버는 돈은 태국에서 일할 때보다 훨씬 많다. 10만 원의 요금에서 6만 원을 받는 것으로 알려져 있고, 손님이 넘쳐서 하루에 보통 8명 이상을 만나고 추가 금액을 포함하여 60만 원 이상 번다고 한다.

그런데 60만 원이 태국에서 어느 정도의 돈인지 아는가? 60만 원은 태국인들의 평균 월급이다. 즉, 한국에서 하루만 성매매를 해도 태국의 평균 월급을 벌게 되는 것이다.

그럼 한 달에 20일 정도만 해도 얼마인가? 1,200만 원은 쉽게 넘는다. 그냥 한 달만 한국에서 일해도 태국에서 2년을 일해야 버는 돈을 벌고, 한국에서 1년을 일하면 태국에서 약 24년을 일해야 버는 엄청난 돈을 벌 수 있다.

그렇다 보니 가난한 태국 여성들에게 대한민국은 부자가 될 수 있는 기회의 땅으로 알려지게 되었다. 정확한 규모를 파악하기 어려울 만큼 수많은 태국 여성들이 우리나라까지 오는 이유가 바로 이것이다. 국제 결혼과 정상적인 일자리를 얻기 위해 오는 경우를 제외해도 엄청난 규모라고 한다.

정리해 보자. 한국 오피는 2010년대부터 무너져서 지금은 붕괴되었다. 그런데 흥미롭게도 같은 시기에 태국 오피가 등장하여 지금은 대한민국을 완전히 점령했다. 2016년부터 현재까지 태국이 불법 체류 국가 1위를 차지하는 이유다.

그런데 이미 설명했듯이 많은 돈을 벌게 된 여성은 눈이 높아져서 결혼이 힘들어진다. 그러니 한국에서 성매매로 월 1,200만 원을 벌었던 태국 여성들이 자기 나라로 돌아가면 월 평균 60만 원을 버는 태국 남성과 결혼을 하겠는가?

태국 주변의 나라인 라오스, 미얀마, 캄보디아, 필리핀은 모두 출산율이 2명 넘는데 오로지 태국만 0.95의 출산율로 심각한 저출산을 겪고 있다. 바로 이런 현상에 해마다 셀 수 없을 정도로 많은 태국 여성들이 성형하고 우리나라에 와서 하는 성매매가 엄청난 영향을 주고 있었던 것이다.

출산율 0.87을 기록 중인 대만도 저출산 원리는 똑같다. 예를 들면 유명한 대만 인플루언서 '방기원'은 18살 때부터 성형을 해서 지금까지 총 19번의 성형을 했고, 현재 인스타그램 팔로워가 무려 130만 명이 넘는 엄청난 부자다.[106]

대만 성형녀들의 성매매도 우리나라와 똑같다. 2010년대 초반, 모델 '소의정'이 VVIP 성매매로 체포된 일이 있었다. 그녀는 1회 최소 1,000만 원 ~ 최대 3,000만 원을 받은 것으로 드러나서 대만 사회에 큰 충격을 주었다.[107] 그런데 1년 뒤에는 대만의 여성 모델들이 미국에 가서 VVIP 성매매를 했던 엄청난 사건이 터지면서 대만을 다시 뒤흔들었다.[108]

홍콩도 마찬가지다. 어떤 배우는 하룻밤에 무려 3,600만 원을 받는 것으로 성매매 브로커와 합의를 봤던 문자와 통화 내용, 이후 돈 많은 중년 남성과 호텔에서 만난 사실이 알려져서 홍콩 사회에 충격을 주었다.[109] 그리고 2년 뒤에는 홍콩 여자 연예인 4명이 시간당 약 200만 원 받는 VVIP 성매매를 했던 사건이 크게 언론 보도가 되었다.[110]

그럼 마지막으로 싱가포르는 다르다고 생각하는가? 많은 성형녀들이 성매매로 엄청난 돈을 벌면서 결혼 건수 감소와 저출산이 생기는 것은 세계적으로 공통적인 현상이다.

이것이 진실인데 언론과 방송에서는 태국, 대만, 홍콩, 싱가포르를 우리나라와 묶어서 동아시아 국가들의 교육열이 서양보다 치열하다 보니 과도한 경쟁과 교육비 지출 때문에 저출산이라는 황당한 분석을 내놓고 있다.

교육열이 저출산과 도대체 무슨 상관인가? 위의 나라들은 전부 결혼 건수 감소로 저출산인데 미래의 사교육비 지출이 두려워서 남녀가 결혼을 안 한다는 말인가?

지금 세계에서 벌어지고 있는 저출산의 근본적 원인은 결혼했는데 아이를 안 낳는 것이 아니라 결혼 건수의 감소다. 여성들이 활발하게 사회에 진출하여 혼자 살아도 될 만큼 돈을 벌고 있다 보니 옛날처럼 남성에게 경제적으로 의존하기 위해 결혼하는 현상이 줄었고, 눈도 높아졌기 때문이다.

그런데 평범하게 돈을 버는 여성들도 있지만 성형 덕분에 예뻐져서 인플루언서, BJ, 스폰, 성매매를 통해 엄청난 돈을 벌게 된 여성들이 비정상적으로 많아졌다. 바로 이것 때문에 이슬람 국가나 아프리카 국가를 제외한 대부분의 국가들이 저출산을 겪고 있다는 점을 반드시 기억해야 할 것이다.

7장

미래

세계 1위 저출산 국가,
대한민국의 슬픈 미래

대한민국은 앞으로도 계속 저출산 분야에서 놀라운 기록을 보여줄 것이다. 이유는 간단하다. 남녀가 결혼부터 해야 출산으로 이어지는데, 지금 우리나라에서는 과거보다 결혼 건수가 심하게 감소해서 회복이 불가능하기 때문이다.

일단 결혼 건수 통계에서는 초혼과 함께 재혼도 포함되다 보니 이것을 제외해야 한다. 재혼하는 남녀들의 평균 연령은 40~50대 이상이라서 일반적으로 출산과 상관이 없다.

결국 재혼 건수를 제외하고 초혼 건수가 중요한데 이것은 2013년 25만 5천 건에서 2023년 14만 9천 건으로 10년 동안 무려 10만 건이나 감소를 했다. 그로 인한 신생아 수의 변화는 다음 페이지에서 보면 잘 드러난다.

- 2013년 : 436,445

- 2014년 : 435,435

- 2015년 : 438,420

- 2016년 : 406,243

- 2017년 : 357,771

- 2018년 : 326,822

- 2019년 : 302,676

- 2020년 : 272,337

- 2021년 : 260,562

- 2022년 : 249,186

- 2023년 : 230,028

   놀라운 감소 속도다. 여성들이 남성의 키, 얼굴, 경제력을 보는 눈이 갈수록 높아지면서 평범한 남성과 결혼하는 것을 기피하게 되었다 보니 결혼 건수 감소로 꾸준히 신생아 수가 줄었다. 반면 여성 BJ들에게 별풍선을 쏘는 남성들은 계속 늘어서 결국 수백만 명이 되었으니 정말 대조적이다.

   1970년, 100만 명의 아이들이 태어난 대한민국이었다. 하지만 이제 얼마 안 있으면 20만 명도 안 태어난다.

충격은 여기서 끝나지 않는다. 통계청은 훗날 2072년의 신생아 수가 16만 명이 될 것이라고 전망을 했다.[111] 그런데 통계청의 예상 수치는 왼쪽 페이지의 통계를 보면 알겠지만 잘못된 것이다. 그래서 필자가 다시 계산해 주겠다.

왼쪽의 통계에서 봤듯이 신생아 수는 2016년부터 해마다 감소했고 2020년부터 1만 명 정도씩 줄어들다가 2022년과 2023년 사이에는 약 2만 명이 줄었다. 결국 신생아 수 감소 추세는 규모의 차이만 있고 피할 수 없는 것이다.

또한 문제가 한 가지 더 있다. 세계에서 가장 늦은 나이에 결혼하다 보니 불임, 유산 비율까지 높아지고 있어서 결혼이 출산으로 이어지는 경우도 줄어들고 있기 때문이다.

특히 유산의 경우는 통계까지 있는데 굉장히 충격적이다. 2022년의 신생아 수가 약 25만 명이었는데 유산된 아기는 12만 명이나 되었다. 여성이 임신을 하면 약 32%, 즉 3명의 임산부 중 1명은 유산을 겪고 있으니 정말 안타깝다.[112]

따라서 결혼 건수 감소 및 늦은 결혼으로 인한 불임, 유산 때문에 신생아 수는 증가하기 쉽지 않다. 증가를 하는 일이 생겨도 일시적인 것이다. 이미 2020년대생들이 20만 명대 정도에 불과해서 미래의 신생아 수 감소는 피할 수 없다.

즉, 계산해 보면 신생아 수는 2040년대 10만~15만 명, 2050년대 1만~5만 명 전후 정도로 추정된다. 그렇다 보니 2072년 신생아 수가 16만 명이라는 통계청 추측은 틀렸다. 그때 대한민국에서는 아기가 매우 적어서 각 지역에 1~2명 있는 아기들이 천연 기념물로 지정될 것이기 때문이다.

결국 저출산 때문에 대한민국이 반드시 겪을 수밖에 없는 비극들이 있다. 일단 의료보험 문제가 크다. 세금 내는 청년들은 줄어드는데 평균 수명 향상으로 노년층 인구는 증가를 한다. 그런데 나이가 들수록 아픈 것은 필연적이라서 병원에 방문하는 일이 많아진다. 그렇다 보니 통계로 이미 나온 것처럼 2040년, 60세 이상 인구가 2,000만 명이 넘게 되면서 엄청난 의료보험 지출로 국가 재정이 파탄날 것이다.

국민연금 문제는 또 어떤가. 너무 유명해서 다시 언급할 필요도 없다. 지금 20대, 30대 중에 훗날 국민연금을 받을 수 있다고 생각하는 사람이 있다면 긍정적인 사람이라고 생각한다. 저출산 고령화로 세금이 줄어들고 국가 재정이 붕괴되는데 국민연금으로 줄 예산이 정부에 남아있을 것이라고 생각하는가? 그냥 못 받는다고 생각하면 된다.

이외에도 학생들이 사라지기 때문에 어린이집, 학교, 학원 등 교육 분야는 모두 붕괴된다. 특히 어린이집 같은 경우는 최근 4년 동안 무려 8,000개가 문을 닫았다.[113]

이뿐만 아니다. 학생 숫자 감소로 전국의 모든 지방 대학은 붕괴하게 된다. 그럼 무슨 일이 벌어질까? 일단 교수들과 대학교 직원들이 실직자가 된다. 그리고 대학생들이 그동안 먹여 살렸던 대학교 근처의 식당들도 모두 문을 닫게 되면서 많은 자영업자들이 거리로 내몰린다. 이런 식으로 우리 사회 곳곳에서 경제가 붕괴하는 문제가 발생할 것이다.

마지막으로 한국인들은 미래에 고독사로 죽게 된다. 결혼하지 않고 대부분이 1인 가구로 살게 되면서 이제 사람들의 죽음은 우편함에 쌓인 우편물의 양을 통해 알려지거나 죽은 사람들의 악취로 인한 주민 신고로 발견될 것이다.

이런 문제로 주민센터에서는 집집마다 전화해서 살아있는지 확인하는 업무가 생길 것이고, 경찰과 119 구조대는 고독사로 사망한 수많은 사람들의 시신을 정리하느라 바빠질 것이다. 미래의 대한민국을 생각하면 정말 슬프다.

북한과 통일하는 것은
저출산 해결책이 될까?

그렇다면 저출산을 어떻게 해결해야 할까? 지금까지 많은 대책들이 나왔고 예산도 380조 원을 투자했지만 저출산은 계속 악화되었다. 그래서 정말 답이 없어 보이는데 해결책으로 흥미로운 이야기가 한 가지 있어서 먼저 소개한다.

인터넷을 검색하면 북한과 통일하는 것이 저출산에 대한 해결책이 될 수 있다는 의견이 있다. 북한 인구는 2,600만 명 정도인데 통일이 되면 현재 5,100만 명 정도인 우리나라 인구는 7,700만 명 정도로 크게 늘어난다.

그럼 노동력이 증가할 뿐만 아니라 발달되지 않은 미지의 섬과 같은 북한을 개발시키면서 경제적으로 발전하면 결혼 건수도 늘고 인구까지 늘어날 것이라는 전망이다.

여러분의 생각은 어떤가? 통일이 저출산 문제를 해결해 줄 것이라고 생각하는 사람들도 분명히 있다고 본다. 하지만 필자는 통일이 되면 저출산 문제가 해결되지 않고, 오히려 한반도가 멸망하게 될 것이라고 생각한다.

필자의 이런 생각에는 당연히 논리적 근거가 있다. 정말 안타깝게도 북한 남성들의 키가 아래와 같이 때문이다.

- 북한 남성 평균 키 : 165.4cm ~ 167.3cm[114]

표본에 따라서 차이는 있지만 북한 남성들의 평균 키는 한국 남성들보다 훨씬 작다. 질병관리본부가 성인 탈북민을 조사한 결과는 165.4cm, 남북하나재단이 경기도에 사는 탈북민들을 조사한 결과는 167.3cm로 나왔다.

그럼 이제 한번 생각해 보자. 통일이 되면 북한 여성들이 북한 남성들과 한국 남성들 중 누구와 결혼을 할까? 당연히 한국 남성들이다. 왜냐하면 북한 여성들도 키 작은 남성보다 키 큰 남성을 좋아할 수밖에 없기 때문이다.

이뿐만 아니다. 통일이 되면 사회, 경제, 문화적으로 주도권을 모두 우리나라가 갖게 되기 때문에 북한 여성들 입장에서는 아무것도 모르는 북한 남성들보다 한국에 대해 잘 아는 한국 남성들이 훨씬 매력적으로 느껴진다.

예를 들어 한국에 대해서 아무것도 모르는 북한 여성들을 친절하게 대해주고, 문화를 체험시켜주는 한국 남성들이 있다고 가정해 보자. 그럼 북한 여성 입장에서는 어떤 기분이 들까? 당연히 통일의 혼란 속에서 자신을 이끌어주는 한국 남성들에게 엄청난 매력을 느낄 수밖에 없다.

그렇다 보니 통일이 되면 재미있는 일이 생긴다. 한국 남성들 중에서 여성들과 만나지 못하는 남성들조차 결혼할 수 있게 된다. 여성 BJ들에게 별풍선을 쏘고 있는 수백만 명의 남성들이 북한 남성들보다 상대적인 우위에 있다 보니 모두 북한 여성들과 결혼할 수 있게 되는 것이다.

그런데 한 가지 문제가 있다. 한국 남성들과 북한 여성들의 만남이 많아지면 과연 무슨 일이 벌어질까? 당연히 우리나라 남성들에게는 행복한 일이 생기지만 북한 남성들 입장에서는 북한 여성들이 전부 한국 남성들을 만나게 되다 보니 불행한 일이 생길 수밖에 없다. 그럼 이제 책을 보는 독자들 중에서는 다음과 같은 생각을 할 수도 있다고 본다.

"그럼 반대로 북한 남성들도 한국 여성들을 만나서 연애를 하고 결혼하면 되지 않을까요?"

여러분은 위의 질문에 대해서 어떤 생각이 드는가? 이제 필자가 왜 통일이 저출산을 해결해 주지 못하고 오히려 한반도를 멸망하게 만들 것이라고 말했는지, 그 이유를 확실하게 알았을 것이라고 생각한다. 위의 질문에 대한 정답은 누구나 조금만 생각해 보면 쉽게 알 수 있을 것이다.

한국 여성들은 북한 남성들과 절대로 연애와 결혼을 하지 않는다. 북한 남성들은 한국 여성들의 입장에서는 키가 작고 돈이 없고, 한국 사회에 대해서도 아는 것이 전혀 없는 남성들이다. 즉, 여성들이 싫어하는 생존가치가 낮은 남성들이기 때문에 한국 여성들은 북한 남성들을 만나지 않는다.

조사 결과를 봐도 마찬가지다. 결혼정보회사 〈비에나래〉에서 우리나라 미혼남녀에게 설문조사한 적 있었다. 질문은 '남북통일이 되면 북한 출신 이성은 배우자로 어떻습니까?'였다. 그때 조사 결과, 한국 남성들은 무려 68.8%가 긍정적이라고 했지만 한국 여성들은 다음과 같이 응답했다.[115]

- 다소 부정적 : 84.2%

- 매우 부정적 : 15.8%

그랬다. 예상대로 모든 한국 여성들은 북한 남성들을 싫어했다. 그렇다 보니 한 가지 심각한 문제가 생긴다. 통일이 되면 북한 여성들은 전부 한국 남성들에게 가고, 한국 여성들은 자신들을 만나지 않으니 북한 남성들이 어떻게 될까? 당연히 여성들을 만날 수 있는 길이 사라져버린다.

그런데 북한 남성들이 북한에서 어떻게 살았는지 아는가? 북한은 아직도 조선시대처럼 남성이 '갑'이고 여성이 '을'인 나라다. 남성이 하자고 하는 대로 여성이 복종을 해야 한다. 그런 곳에서 왕처럼 살았던 북한 남성들이 통일이 되고 나면 여성들을 전혀 만나지 못하는 일을 겪게 된다.

그럼 북한 남성들은 과연 어떻게 할까? 모두 짐작하듯이 연애를 하고 결혼할 수 있는 기회가 사라져서 화가 난 북한 남성들에 의한 각종 성범죄가 끊이지 않게 될 것이다. 전쟁으로 인해 난민이 되어서 유럽으로 왔던 수많은 이민자 남성들이 유럽에서 여성을 만나지 못하는 바람에 성범죄가 크게 증가한 것과 똑같은 현상이 무조건 발생한다.

이뿐만 아니다. 1,000만 명이 넘는 북한 남성들이 불만을 가지고 있는 것을 이용하여 각종 테러를 일으키는 등 통일에 반대했던 북한의 기존 세력도 반드시 움직인다. 이들의 입장에서는 여성을 만나지 못하게 된 북한 남성들만큼 조종하기 쉬운 대상이 없기 때문이다. 그러니 결국 어떻게 되겠는가? 놀랍게도 통일은 저출산을 해결해 주는 길이 아닌 한반도를 멸망시키는 지름길이 될 수밖에 없는 것이다.

돈을 주면 저출산이
해결된다는 생각에 대하여

현재 우리나라에서 저출산 해결을 위해 논의가 되고 있는 정책들 중에서 정말 놀라운 것이 한 가지 있다. 그것은 바로 직접 돈을 주는 것이다. 예를 들면 국민권익위원회가 온라인으로 국민들에게 저출산 관련 설문조사를 해서 화제가 된 적 있었다. 그 내용이 다음과 같았기 때문이다.[116]

'출산과 양육 지원금으로 1억 원을 직접 주는 것이 출산에 동기부여가 된다고 생각하십니까?'

위의 설문조사는 실제로 정부에서 국민들의 생각을 살펴보고 저출산 정책에 반영하려는 목적에서 비롯되었다. 돈을 주면 저출산이 해결될 수 있다고 보는 것이다.

이런 생각은 정부뿐만 아니라 정치인들도 갖고 있는 생각이다. 예를 들자면 저출산 위원회에서 부위원장을 맡았던 한 정치인이 국회의원 당선 후, 22대 국회 1호 법안으로 추진하려는 내용을 발표해서 화제가 된 적 있었다.[117]

그 내용은 바로 결혼하면 2억 원을 1%의 저금리로 빌려주고, 첫째 아이를 출산하면 이자 탕감, 둘째 아이까지 출산하면 원금의 일부를 탕감해 주는 것이었다.

이처럼 현금을 지원해서 저출산을 해결하자는 생각의 근원에는 경제적인 지원을 하면 부부가 아이를 낳을 것이라는 전제가 존재한다. 그리고 이런 아이디어를 뒷받침하기 위해 요즘 우리나라 방송과 언론에서 많이 소개하고 있는 나라가 있다. 그 나라의 이름은 바로 '헝가리'다.

헝가리는 2011년에 출산율 1.23으로 최저점을 찍었다가 2021년에는 1.59를 찍었다. 그렇다 보니 헝가리의 정책이 방송과 언론에서 많이 다루어졌는데 가장 효과 있다고 알려진 것이 4,000만 원을 대출해 주고 첫째 아이 낳으면 이자 탕감, 둘째 아이 낳으면 원금 일부 탕감, 셋째 아이도 낳으면 원금 전액을 탕감해 주는 정책이다.[118]

그런데 여기에는 왜곡이 있다. 이 정책은 2018년 7월에 시행되었고, 헝가리의 출산율은 이미 그 당시에 조금 올라서 2011년보다 0.26이 오른 1.49였다. 이 수치 증가도 무엇 때문에 생겼는지 구체적으로 알 수 없는 작은 증가였다.

즉, 시기를 보면 대출 정책 시행 후 1.49에서 1.59가 된 것인데 수치 차이가 0.1밖에 되지 않아서 정책이 출산율을 크게 올렸다고 할 수 없다. 그런데 언론은 일부러 비교 지점을 2011년의 1.23과 2021년의 1.59로 정해서 돈을 주는 정책이 큰 효과가 있는 것처럼 말했던 것이다.

그럼 이제 한 가지 더 생각해 볼 문제가 있다. 돈을 주면 아이를 낳는다는 발상은 '결혼한 부부가 아이를 낳지 않는 것이 문제'라는 생각에서 비롯된다. 그러니 돈을 주면 조금 여유가 생겨서 아이를 낳을 것이라고 믿는 것이다.

실제로 정부와 언론은 '아이를 낳지 않는 대한민국'이라는 표현을 쓰면서 마치 결혼은 했는데 아이를 안 낳다 보니 저출산이 생기는 것처럼 말한다. 방송에서도 결혼은 했지만 아이를 낳지 않는 부부의 사례들을 보여주고, 이런 모습들이 우리 주위에서 흔한 것처럼 느껴지게 한다.

하지만 진실은 다르다. 통계청이 2022년 기준, 국내 거주하는 1983년생 남녀에 대한 자료를 발표한 적 있었다. 그때 40살인 남녀에게 결혼 후 자녀가 있는 비율은 어느 정도였을까? 흥미롭게도 결과는 바로 다음과 같았다.[119]

'86.3%'

황당하게도 정부와 언론에서 말한 것과 다르게 결혼하면 대부분의 부부들은 아이를 낳고 있었다. 아이가 없는 경우는 소수의 딩크족 부부, 또는 늦은 나이의 결혼으로 인한 불임 및 유산 때문이었는데 이 비율은 13.7% 정도였다.

더욱 흥미로운 것은 자녀의 숫자다. 2022년에 40살 여성 기준으로 3명 이상 9.1%, 2명은 45.4%, 1명은 33.7%였다. 여러분의 카카오톡에 있는 40대 여성들의 가족 사진을 봐도 위의 통계가 사실이라는 것을 확실하게 알 수 있다.

그럼 생각을 해보자. 정부에서 고려하는 현금 1억 지원과 국회에서 추진하는 2억 대출은 저출산 해결 효과가 있을까? 정답은 '효과가 없진 않겠지만 투자 대비해서 기대한 만큼의 엄청난 효과를 보는 것은 어렵다'는 것이다.

이유는 간단하다. 돈을 준다고 3명, 4명씩 낳으려고 하진 않기 때문이다. 필자도 자녀가 2명인데 주변 지인들도 모두 필자처럼 2명을 이상적으로 생각하고 3명 이상은 부담스러워한다. 여러분도 마찬가지일 것이다. 서울시 여성가족재단 조사에서도 부부들의 평균 희망 자녀는 2.1명이었다.[120]

따라서 현금 지원 정책은 자녀가 1명인데 경제적인 문제로 둘째 아이를 낳을지 말지 고민하는 부부들에게는 효과가 있을 것이다. 하지만 큰 변화를 기대하기는 어렵다.

왜냐하면 결혼을 했는데 아이를 안 낳는 것 때문에 저출산이 생긴 것이 아니라, 여성들이 남성들의 외모와 경제력을 보는 눈이 높아져서 결혼 건수 감소로 인해 저출산이 생겼기 때문이다. 이것이 진실인데 1~2억을 준다고 요즘 여성들이 외모와 경제력이 부족한 남성들과 결혼을 하겠는가?

정부의 '육아 휴직 확대 및 기간 연장'이 저출산 해결에 효과가 없는 이유도 마찬가지다. 여성들이 '육아 휴직 기간이 늘어났으니 아이를 낳아야지' '육아 휴직이 확대가 되었으니 결혼을 해야겠다'라고 생각하지는 않기 때문이다.

이스라엘에게 배우는 저출산 해결책

그럼 진짜 효과 있는 저출산 해결책은 없을까? 물론 있다. 이스라엘을 참고하면 된다. OECD 경제 선진국들의 출산율은 다양한 정책을 써도 1.5 정도에 불과하다. 그런데 OECD 가입국 중에서 이스라엘의 출산율만 다음과 같다.

- 2020년 : 3.01명
- 2021년 : 2.90명
- 2022년 : 3.00명

경제 선진국들의 모임인 OECD 회원국들이 모두 여성의 사회 진출과 성형으로 인해 저출산을 겪는 중인데 이스라엘은 정반대로 해마다 높은 출산율을 꾸준히 기록하면서 다른 OECD 회원국과 큰 차이를 보여주고 있는 것이다. 도대체 어떻게 이런 일이 가능한 것일까?

이에 대한 원인으로 많은 언론들은 이스라엘이 실시하고 있는 '여성 징병제'를 말한다. 팔레스타인과 계속 전쟁하는 이스라엘은 만 18세 이상의 여성들에게 병역 의무를 준다. 그래서 모든 여성들은 24개월 동안 군 복무를 해야 하는데 반대로 임신과 출산을 하면 군 복무가 면제된다. 바로 이런 제도 때문에 수많은 이스라엘 여성들이 군대에 가기 싫어서 결혼을 하다 보니 출산율이 높다고 볼 수도 있다.

하지만 이것은 진실이 아니다. 통계를 보면 이스라엘 여성들의 징집율은 50% 정도다. 나머지 절반 면제는 35%가 양심적 병역 거부 때문이고, 15% 정도가 출산 때문에 면제를 받는 것이다. 즉, 이스라엘 여성들의 절반 정도는 남성과 똑같이 나라를 지키기 위해 스스로 입대하여 군 복무를 하는 것이다. 입대하지 않기 위해 임신과 출산으로 빠지는 경우는 15%에 불과하다. 그렇다 보니 구글에서 '이스라엘 여군'이라고 검색해 보면 씩씩한 모습으로 군 복무를 하는 이스라엘 여성들의 모습을 볼 수 있다. 영화 〈원더우먼〉의 주인공으로 유명한 배우 '갤 가돗'도 이스라엘 출신인데 그녀 역시 2년 동안 군인으로 복무를 해서 화제가 되었다.

그렇다면 실제로는 무엇이 이스라엘 출산율을 3.0명으로 만들었다는 말인가? 간단하다. 이슬람교를 믿는 무슬림들이 아이들을 많이 낳는 것처럼 종교적인 이유가 있다.

이스라엘에서는 아기를 낳는 것은 하느님의 자손을 퍼뜨리는 성스러운 일이라고 본다. 성경에 쓰인 '생육하고 번성하라'는 계시를 따르면서 동시에 가정적인 문화가 있다 보니 이스라엘 사람들은 아이를 낳고 기르는 것을 좋아한다.

그래서 일반적인 이스라엘 여성의 출산율도 2.0을 넘고, '하레디'라고 불리는 정통 유대교 신자인 여성들의 출산율은 무려 7.0이 넘는다.[121] 그 결과, 소수의 '하레디' 신자인 여성들과 일반 여성들의 출산율이 합쳐져서 이스라엘이 OECD 국가들 중 유일하게 출산율 3.0명을 기록한 것이다.

더욱 놀라운 사실은 이스라엘 여성의 평균 취업율은 70% 정도로 우리나라보다 20%가 높다는 점이다. 활발한 사회 활동을 해도 종교적인 신념으로 출산을 많이 한다.[122]

이제 우리는 이스라엘을 통해 과연 무엇을 배울 수 있는 것일까? 당연히 종교적 신념이나 문화를 우리나라에 그대로 가져오긴 어렵다. 그래서 대신 이스라엘의 '여성 징병제'를 도입하여 저출산을 해결하는 것이 현명하다고 본다.

명분은 충분하다. 현재 우리나라의 신생아 숫자 감소 추이를 보면 알겠지만 앞으로 나라를 지킬 군인의 숫자가 부족해진다. 이대로라면 2050년에는 군인이 10만 명도 안 되고, 2060년에는 연간 5만 명도 유지하기가 어렵다. 이로 인해 대한민국에는 심각한 안보 위기가 찾아온다.

그럼 무슨 일이 생길까? 일단 현재 18개월의 복무 기간이 다시 늘어날 가능성이 있다. 이것 말고는 해결책이 없기 때문에 훗날 분명히 군 복무 기간 연장에 대해서 논의가 진행될 것이다. 결국 안타깝게도 남성들만 피해를 본다.

그렇다 보니 해결책은 '여성 징병제'에 있다. 이미 북유럽 국가인 덴마크, 노르웨이, 스웨덴도 이스라엘처럼 여성 징병제를 실시하는 중이다. 즉, 여성들도 군인으로 활동할 수 있다는 것을 위 4개 국가의 여성들이 잘 보여줬기 때문에 한국 여성들도 신성한 국방 의무를 수행할 수 있다.

그런데 생각해 보자. 여성 징병제가 실시되면 우리나라에서는 어떤 일이 벌어질까? 많은 여성들이 군 복무를 피하기 위해 양심적 병역 거부를 할 수도 있다. 하지만 우리나라는 이스라엘과 달리 양심적 병역 거부를 인정하지 않고 오히려 처벌하여 군 복무 기간만큼 감옥에 보내기 때문에 군 복무를 거부한다고 해결이 될 문제는 아니다.

따라서 여성들에게 한 가지 선택지를 추가적으로 주어야 한다. 이스라엘처럼 여성들이 결혼하고 출산을 할 경우에는 군 복무를 영원히 면제해 주는 것이다.

물론 결혼 대신 군대를 고르는 여성들이 많을 수 있으니 군대의 무서움을 체감할 수 있도록 훈련소의 프로그램을 잘 설계해야 한다. 입대는 12월~2월로 가장 추울 때에 시키고 스마트폰의 사용을 금지해서 추위의 고통과 인스타그램을 하지 못하는 고통을 동시에 느끼도록 만들어야 한다.

또한 1주 차에 화생방 훈련, 유격 훈련, 행군 훈련처럼 힘든 훈련을 집어넣고 2주 차에 혹한기 훈련을 배치해서 영하 20도 추위에서 지옥을 느끼게 만들면 된다. 그럼 보름 안에 모두 눈물을 흘리면서 결혼하겠다고 말할 것이다.

저출산은 결혼 건수 감소에서 비롯되었다. 그런데 이렇게 훈련소 프로그램만 잘 설계해도 여성들이 결혼을 하게 된다. 지옥과 같은 군대를 피하기 위해서 결혼을 해야 하니 당연히 남성의 외모와 경제력을 보는 눈도 낮출 수밖에 없다.

그럼 수십 년 전처럼 대부분의 남성들이 결혼할 수 있게 되고, 결국 연간 100만 명 넘는 신생아가 태어나게 되면서 부족한 군인 숫자 문제도 해결된다. 안보 위기 해결과 함께 저출산을 해결할 수 있는 유일한 방법인 것이다.

성형으로 잘생긴 남자 만들기

앞서 필자가 자료를 통해 논리적으로 말했듯이 한국뿐만 아니라 전 세계에서 저출산이 발생하고 있는 이유 중 하나는 요즘 여성들이 남성들의 외모를 많이 보다 보니 키가 작거나 못생긴 남성과의 결혼을 거부하고 있기 때문이다.

특히 키의 경우, 유럽 남성의 평균 키는 180cm 이상으로 크기 때문에 유럽에서는 문제가 안 되지만 한국, 일본, 중국처럼 남성들의 평균 키가 작은 나라에서는 문제가 될 수밖에 없다. 이미 한국 여성들 같은 경우, 배우자의 이상적인 키로 178.7cm를 원한다는 통계도 있지 않았던가.

하지만 키를 늘리는 수술이 있기는 해도 늘릴 수 있는 길이의 한계 및 엄청난 비용, 그리고 회복 기간과 부작용 측면에서 문제가 있으므로 선뜻 추천하기가 어렵다. 따라서 필자는 한국 남성들의 키를 포기하고, 대신 얼굴이라도 국가에서 무상으로 성형을 해주는 제도를 제안한다. 필자가 저출산의 해결책으로 이런 기발한 생각을 하게 된 계기가 있다.

키가 작고 얼굴까지 평범해서 연애를 하지 못했던 후배가 있었다. 소개를 시켜주려고 해도 후배의 키가 168cm인 것을 듣고 여성들이 모두 소개팅을 거절했다 보니 만날 기회도 없었을 뿐만 아니라 외로움으로 힘들게 살았던 후배였다.

그런데 바빠서 오랫동안 만나지 못했던 후배를 필자의 결혼식 모임을 통해 만났다가 놀란 적이 있었다. 마치 얼굴이 아이돌 그룹 남자 멤버처럼 바뀌었기 때문이다. 그때 필자가 궁금해서 묻자, 후배는 솔직하게 다음과 같이 말했다.

"눈매 교정이랑 코를 했어요. 키가 작으니까 얼굴이라도 잘생겨야 되지 않을까 해서 했는데 만족스러워요."

그랬다. 후배는 솔직하게 성형 사실을 털어놓았는데 정말 누가 봐도 잘생겨졌다. 미남이라는 표현이 나올 정도였는데 모임에 왔던 지인들도 잘생겼다고 모두 칭찬할 정도였다.

그때 후배와 더 깊은 대화를 많이 나누면서 필자는 정말 놀라운 사실을 알게 되었다. 후배가 성형을 하고 나서 잘생겨진 이후로 첫 연애를 시작하게 되었고, 어떤 모임을 가더라도 여성들로부터 관심을 받게 되었다는 것이었다.

결국 성형으로 20대 후반에 모태솔로를 벗어났던 후배는 세월이 흘러서 좋은 사람과 결혼까지 하게 되었다. 이 책을 쓰면서 다시 한번 생각날 정도로 성형의 순기능을 보여줬던 좋은 사례였다. 만약 성형하지 않았다면 후배는 계속 여성을 만나지 못하고 평생 힘들게 살았을 테니 말이다.

성형이라는 것은 여성을 위해서만 존재하는 것이 아니다. 남성들의 인생도 얼마든지 바꾸어줄 수 있는 기술인 것이다. 예를 들면 여성들의 쌍꺼풀 수술이 주는 변화처럼 남성들도 눈매 교정 하나만으로 얼굴 자체가 달라진다.

또한 성형은 키가 작은 남성들에게 엄청난 효과를 가져다 줄 뿐만 아니라 키는 크지만 얼굴 때문에 고생하는 남성들에게도 좋은 효과를 선사한다. 유튜브에는 많은 남성들의 성형 후기 영상이 있는데 실제로 키 크고 못생긴 남성이 성형하고 나서 받은 유튜브 댓글 반응은 바로 다음과 같았다.

"아니, 진짜 너무 완벽해졌는데?"

"키도 크고 목소리도 좋고 잘생겼다."

"영화나 드라마에 나오는 배우 같네."

이처럼 키 큰 남성들은 이미 체격이 좋기 때문에 얼굴만 성형으로 개선되면 연애와 결혼이 가능해진다. 유명한 남자 배우들 중에서도 키는 크지만 얼굴이 못생겼다가 성형으로 잘생겨서 여성들의 사랑을 받는 사례들이 많다.

그런데 한 가지 의문점이 생긴다. 외모가 연애와 결혼에 문제가 된다는 점을 남성들은 잘 알고 있다. 그러면 수술이 어려운 키 대신 얼굴이라도 성형하면 될 텐데 남성들은 왜 여성들과 달리 성형에 소극적일까? 당연히 이유가 있다.

일단 남성은 성형에 투자한 비용을 회수하기 어렵다. 여성을 만나면 지출은 항상 남성이 더 많기 때문이다. 반대로 여성은 성형하고 예뻐지면 남성들이 밥을 사주고 선물도 해주다 보니 자기 돈이 지출되는 일이 줄어든다. 그래서 여성들은 성형에 투자한 비용을 빠르게 회수할 수 있지만 반대로 남성들은 성형 비용이 완전히 빚으로 남게 된다.

그래서 남성의 성형 비용을 정부가 지원해야 한다. 비용 부담이 사라지면 성형하는 남성들이 많아지고, 달라진 남성들의 모습을 보고 다른 남성들도 성형을 하게 된다.

성형까지 하면 자기가 못난 것 같다고 생각할 수 있는데 수많은 남성들이 성형해서 문화로 자리잡으면 남성이 성형하는 것은 부끄러운 일이라는 자존심 문제도 사라진다.

유튜브 또는 구글에서 '남자 성형 전후'라고 검색을 해서 영상이나 이미지를 보면 놀랄 것이다. 일반인 남성들이 눈, 코, 윤곽 수술을 해서 잘생겨진 경우가 많았다. 그리고 요즘 잘생긴 남자 아이돌 그룹 멤버들도 전부 성형을 했다.

남녀에게 성형이 미치는 영향은 완전히 다르다. 여성들이 성형으로 예뻐지면 남성들에게 많은 관심과 물질적 투자를 받으면서 공주 같은 대접을 받게 되기 때문에 콧대가 올라가면서 남성의 조건을 보는 눈높이가 저절로 올라간다.

게다가 성형으로 대박이 난 여성들은 인플루언서, 유튜버, 오피, BJ, 스폰 등을 통해 엄청난 돈을 벌면서 또 눈이 높아진다. 그렇다 보니 흥미롭게도 여성들의 성형은 결혼 건수의 감소를 일으켜서 그로 인해 저출산이 발생하게 만든다.

반대로 남성들의 성형은 저출산 해결에 큰 도움을 준다. 결혼을 하려면 연애부터 해야 하는데 남성들이 성형해서 잘생겨지면 그동안 못생겨서 여성들에게 외면을 당했던 일이 사라진다. 그 결과, 지금보다 훨씬 더 많은 남성들이 연애를 하게 되므로 '연애 → 결혼 → 출산'의 원리를 통해 저출산이 개선되는 좋은 결과를 낳게 되는 것이다.

또한 남성들의 성형은 경제 활성화에도 큰 효과가 있다. 외모가 부족한 남성들이 성형으로 잘생겨지면 여자친구가 생겨서 자주 밖에 나가게 된다. 그럼 수백만 명의 남성들이 BJ들과 성매매에 지출하는 연간 10조 원 넘는 엄청난 돈이 식당, 카페, 극장에서 데이트 비용으로 모두 사용되다 보니 대한민국 경제가 저절로 살아나게 되는 것이다.

이제 저출산 해결과 경제 활성화를 위해 남성들에게 성형 비용을 지원하자. 키 작고 못생긴 남성들을 키는 작지만 잘생긴 남성들로, 키 크고 못생긴 남성들을 키도 크고 잘생긴 남성들로 바꾸는 것. 이것이 바로 여성들이 남성들의 외모를 보는 시대에 반드시 필요한 저출산 대책이 아닐까?

조상님에게 배우는 지혜

조선시대의 정치가였던 율곡 이이는 임진왜란이 터지기 무려 10여 년 전, 조선의 임금 선조에게 훗날 일본의 침입에 대비하자고 다음과 같은 내용의 말을 했다고 한다.

"10만의 대군을 미리 양성해 왜구의 침입에 대비해야 합니다. 그렇게 하지 않는다면 10년이 지나지 않아서 장차 큰 화를 입는 왜란이 있을 것입니다."

위의 이야기는 율곡 이이의 그 유명한 '10만 양병설'이다. 정예 군사 10만 명을 키워서 일본의 침입에 대비하자는 것이었다. 그런데 필자는 이것을 보면서 정말 효과적인 저출산 해결책이 떠올랐다. 바로 '전문직 10만 양병설'이다.

여성들이 결혼을 생각할 때 보는 남성의 가장 큰 조건은 무엇인가? 책 앞부분에서 외모에 대한 이야기가 잠깐 나왔지만 경제력을 기본으로 보면서 외모도 보는 것이기 때문에 실제로는 경제력을 가장 크게 본다고 할 수 있다.

예를 들어보자. 185cm에 잘생겼지만 월 200만 원 버는 남성, 165cm에 못생겼지만 재산이 100억인 남성이 있으면 여성들이 결혼할 때 누구를 고르겠는가?

이처럼 경제력은 남성의 조건 중에 1순위라고 할 수 있다. 그래서 필사는 서울산 해결책으로 '전문직 10만 양병설'을 제안한다. 전문직 남성들의 사회적 지위와 높은 수입 때문에 그들이 결혼시장에서 가지는 힘이 크기 때문이다.

여러분들은 결혼정보회사에서 의사, 변호사 같은 전문직 남성들을 어떻게 대하는지 아는가? 아는 사람들도 있겠지만 전문직 남성들은 결혼정보회사에서 가입비를 적게 받거나 또는 무료로 해주는 경우가 많다. 전문직 남성들이 많아야 결혼정보회사에 많은 여성들이 찾아오기 때문이다.

그런데 전문직 중에서도 여성들이 정말 좋아하는 강력한 직업은 따로 있다. 그것은 바로 '의사'다.

의사는 1년에 수억 ~ 수십억을 벌고, 노년까지 일할 수 있는 직업이다 보니 많은 여성들이 좋아한다. 실제로 여성들이 얼마나 의사를 좋아하는지 보여주는 사건도 있다.[123]

한 30대 남성이 의사를 사칭하고 온라인 소개팅 앱에서 활동하다가 정체를 들킨 적 있었다. 그런데 이후 놀라운 사실이 밝혀졌다. 앱을 통해 사귄 여성의 숫자가 최근 1 ~ 2년 사이 20여 명이었고, 그 이전까지 포함하면 총 50여 명이나 되었던 것이다. 외모가 평범한 것으로 알려진 남성이 의사를 사칭했더니 수많은 여성들을 만나게 되었다.

이뿐만 아니다. 의사와 마찬가지로 전문직 중에서 변호사들도 인기가 좋다. 예를 들면 전설적인 사건이 한 가지 있다. 사건은 변호사 남성과 만나고 있었던 여성이 우연히 남성의 스마트폰을 통해 그동안의 채팅 내역을 보게 되면서 알게 된 내용이 세상에 드러나면서 알려졌다.[124]

이 사건의 내용은 간단했다. 평범한 외모를 가진 변호사 남성이 무려 35명의 여성을 만났던 것이다. 과거에 만남이 끝난 여성과 진행 중인 여성을 합쳐서 35명이었다고 한다. 이제 변호사라는 직업이 가진 힘을 알겠는가?

그럼 모든 것이 정리가 되었다. 결국 저출산을 해결하는 방법은 간단하다. 여성들이 좋아하는 전문직 남성들을 결혼 시장에서 많이 만날 수 있도록 만들면 된다. 무슨 말이냐고? 의사 및 변호사의 배출 숫자를 늘려 매년 10만 명의 전문직 남성들이 탄생하도록 만들면 되는 것이다.

구체적 계획은 다음과 같다. 일단 '의치한약수'라고 해서 의대, 치대, 한의대, 약대, 수의대를 가리키는 표현이 있는데 총 정원이 1만 명조차 안 된다. 살수록 위 5곳에서 배출하는 의사들에 대한 수요는 증가하는데 공급은 부족하다.

따라서 의사 공급 부족으로 인한 문제를 해결하고 저출산으로부터 대한민국을 구하기 위해서 '의치한약수' 입학생을 각각 1만 명씩 선발하여 총 정원을 현재 입학 정원보다 훨씬 많은 5만 명이 되도록 제도를 바꿔야 한다.

전문직 중에서 의사만큼 여성들에게 사랑받는 변호사도 늘려야 한다. 한 해 2,000명도 안 되는 변호사 시험 합격자 숫자 때문에 변호사 수가 부족해서 아직도 사건 하나 맡기면 비용이 몇백만 원이다. 그러니 한 해에 5만 명씩 배출되도록 로스쿨 정원과 변호사 시험 합격자를 늘리자.

그리고 의대 입학 면접이나 로스쿨 입학 면접에서는 키가 작고 못생긴 남학생들에게 가산점을 주어서 합격이 되도록 해야 한다. 키 크고 잘생긴 남학생들은 전문직이 아닌 다른 직업을 가지더라도 결혼할 수 있기 때문이다.

즉, 외모가 부족해서 결혼이 어려울 수 있는 남학생들을 전문직으로 만들어야 그들의 직업, 경제력을 보고 여성들이 결혼하게 되면서 결혼 건수가 증가하고 저출산이 해결된다. 따라서 스펙이 비슷하면 2차 면접을 통해 외모가 떨어지는 남학생들을 뽑아서 전문직이 되도록 만들자.

참고로 의대와 로스쿨 입학은 반드시 남성 할당제가 수반되어서 남성들만 의사와 변호사가 되도록 만들어야 한다. 왜 여성 할당제가 아닌 남성 할당제를 실시해야 하는지, 이것에 대한 논리적 근거를 우리는 이미 앞에서 모두 공부했다.

여성들이 의사, 변호사 같이 고소득 전문직을 하게 되면 사회적인 지위가 높고, 돈을 많이 벌다 보니 눈이 높아져서 평범한 남성들과 결혼하지 않는 일이 발생한다.

이것은 통계로 나온 것처럼 여성들이 고학력일수록 눈이 높아서 결혼하지 않은 비율이 높은 현상과 원리가 똑같다.

따라서 '의치한약수' 정원 5만 명, 변호사 시험 합격자 수 5만 명, 이렇게 합쳐서 총 10만 명의 전문직을 해마다 모두 남성으로만 뽑자. 그럼 이들의 직업과 경제력을 보고 마음에 들어서 결혼하려는 여성들이 넘치다 보니 결혼 건수 감소와 저출산으로 대한민국이 멸망하는 것을 막을 수 있다.

율곡 이이의 10만 양병설을 지켰다면 조선이 일본의 침략으로 임진왜란이라는 전쟁을 겪고 나라가 망해서 고생하는 일은 없었다. 그러니 이제 우리는 조상님의 지혜를 본받아서 대한민국의 멸망을 막아야 한다. 그것이 바로 저출산 문제를 해결해 줄 '전문직 10만 양병설'인 것이다.

의사와 변호사 같은 전문직은 사회적 지위가 높고 안정적이며 1년에 수억 원 ~ 수십억 원을 번다. 그렇다 보니 앞서 자료를 통해 봤듯이 모든 여성들은 전문직 남성의 직업과 경제력 때문에 그들과 결혼하고 싶어한다. 그러니 논리적으로 전문직 남성들을 많이 탄생시켜야 결혼 건수가 증가되면서 대한민국의 저출산이 해결되지 않겠는가?

저출산을 해결할
마법 같은 방법

　요즘 여성들은 돈을 벌기 때문에 자기 마음에 들지 않는 남성과 결혼을 해서 경제적으로 의존하려고 하지 않는다. 그렇다 보니 여성들은 마음에 드는 남성이 없으면 차라리 혼자 산다. 그런데 미혼 여성들은 대부분 개와 고양이를 키우면서 살아간다. 왜 그럴까? 여기에도 진화적인 이유가 있다.

　남녀는 외로울 때, 서로 다른 행동을 한다. 일단 남성들은 외로우면 컴퓨터 앞에 앉아서 야한 동영상을 시청한다. 반면 여성들은 개와 고양이를 키우면서 외로움을 채운다.

　인류가 탄생한 이후로 남성들은 자신의 유전자를 최대한 많이 남기기 위해서 번식 활동에 초점을 맞추었고, 여성들은 오랫동안 아기를 낳고 정성을 다해서 길렀기 때문이다.

즉, 여성들은 원래 모두 자식을 낳고 싶은 마음이 있었다. 하지만 키가 작고 못생기고 돈이 없는 남성들과 결혼을 해서 자식을 낳는 것은 싫다 보니 개와 고양이를 유모차에 태우고 거리를 다니면서 자식처럼 키우고 있었던 것이다.

그렇다 보니 여성들 입장에서는 화가 날 것 같다. 잘 생각해 보자. 여성들은 누구나 배우 강동원, 조인성, 차은우처럼 모든 것을 가진 완벽한 남성들과 결혼하고 싶어한다. 그런데 소개팅을 하면 자신들이 바라는 외모와 경제력과 거리가 먼 남성들만 계속 나오니 결혼하고 싶은 마음이 들겠는가?

결국 저출산 문제를 해결하는 방법은 간단하다. 여성들이 자기가 결혼하고 싶어하는 멋진 남성들과 결혼할 수 있도록 만들어주면 된다. 즉, 쉽게 말해서 키 크고 잘생기고 돈 많은 남성들과 마음껏 결혼하게 만들어주면 되는 것이다.

하지만 이것이 힘든 이유는 일부일처제가 시행되고 있다 보니 많은 여성들이 그런 남성과 결혼하고 싶어도 결혼할 수 없기 때문이다. 그래서 필자는 결혼 건수의 감소와 저출산을 모두 마법처럼 해결할 수 있는 제도를 제안한다. 네 번째로 제안하는 해결책, 그것은 바로 '일부다처제'다.

일부다처제는 새로운 개념이 아니다. 여러분은 지구상에 존재하는 모든 동물들의 수컷 중 암컷과 짝짓기를 하는 수컷 비율이 얼마 된다고 생각하는가? 50%는 될 것이라고 생각할 것이다. 하지만 정답은 50%가 아니라 5%다.[125]

그렇다. 많은 생물학자들이 연구해서 밝혀낸 정말 놀라운 사실은 바로 상위 5%의 수컷들이 모든 암컷들을 차지하고 95%의 수컷들은 암컷과 짝짓기를 못하고 죽는 것이 지구에 존재하는 모든 생명체들의 법칙이라는 것이었다.

암컷들은 수컷들 중에서도 힘이 세고, 싸움을 잘하고, 먹을 식량이 많고, 서열이 높은 수컷들만 골라서 짝짓기 한다. 서열이 낮은 수컷들이 짝짓기를 하려고 접근하면 암컷들은 외면한다. 인간의 사회에서 돈이 없고, 사회적 지위가 낮은 남성들이 모든 여성들에게 외면당하는 것과 똑같다.

그런데 재미있게도 인간은 동물과 다르게 일부다처제가 아닌 일부일처제를 제도로 정착시켰다. 그 이유는 일부다처제가 존속되면 수컷들이 암컷을 차지하기 위해 서로 계속 싸우고 죽이면서 피를 흘리게 되다 보니 평화를 이룰 수 없기 때문이었다. 그래서 인간은 누구나 부인을 한 명씩 공정하게 거느릴 수 있도록 만들었고, 이를 통해 수컷들 간의 전쟁이 끝나면서 지금처럼 문명이 발전할 수 있었다.

하지만 일부일처제는 이제 수명을 다했다. 요즘 여성들은 과거의 여성들처럼 쉽게 결혼하지 않는다. 자기가 일을 해서 경제력을 가지고 있기 때문에 자기보다 높은 경제력을 가진 남성을 원할 뿐만 아니라 이제는 키와 얼굴도 본다. 그래서 동물의 세계처럼 일부다처제가 필요한 것이다.

일부다처제가 실시되면 키, 얼굴, 경제력을 골고루 갖춘 상위 1% 남성들 위주로 결혼이 계속 이루어지게 된다. 그 숫자는 정말 넓게 잡으면 한 해 5천 명 정도다. 이런 남성들이 옛날 중국의 황제처럼 부인을 100명 이상씩 거느리면 한 해에 50만 명 이상의 신생아가 태어나게 된다.

그리고 100명은 아니어도 2명 이상과 결혼하는 남성들이 많아지면서 자연스럽게 추가적으로 신생아가 늘어난다.

또한 이미 결혼했던 30대 이상 남성들 중 재산이 수십억, 수백억, 수천억인 남성들이 아프리카 부족 추장처럼 새롭게 부인을 많이 거느리게 되면서 추가 신생아가 50만 명 이상 늘어나다 보니 한 해 100만 명 이상도 가능하다.

특히 경제적 관점에서 보면 일부다처제는 가장 효율적인 저출산 해결책이 된다. 기존의 일부일처제 같은 경우를 보면 재산이 1억인 남성과 100억인 남성이 재산의 규모와 상관없이 모두 1명의 부인만 가질 수 있는 시스템이다.

그런데 우리 모두 알다시피 재산이 100억인 남성은 여러 명의 부인과 자녀가 있더라도 경제적으로 전혀 문제가 없다. 즉, 경제력이 낮은 남성과 높은 남성이 똑같이 1명의 부인만 가질 수 있는 일부일처제는 아이러니하게도 저출산을 초래할 수밖에 없는 가장 비효율적인 제도라고 할 수 있다.

똑같은 원리로 모든 여성들이 결혼하고 싶어하는 키 크고 잘생기고 돈 많은 남자 연예인들이 부인을 1명만 둘 수 있는 것도 엄청난 손해다. 일부다처제라면 이들이 수백 명의 부인들과 자녀를 가지면서 저출산을 해결해 줄 수 있으니까.

결론적으로 여성들의 눈높이를 낮추는 것은 불가능하기 때문에 반대로 그 눈높이를 채워줄 수 있는 남성들과 마음껏 결혼할 수 있도록 만들어주면 된다. 즉, 일부다처제는 현재 대한민국을 포함한 모든 선진국들의 저출산 문제를 해결해 줄 수 있는 가장 완벽하고 논리적인 해결책인 것이다.

일부다처제는 장점이 많다. 일단 여성들이 자신의 마음에 드는 외모와 경제력을 갖춘 남성과 결혼하게 되면서 행복해진다. 그리고 여러 명의 부인을 남편이 일정한 간격을 두고 돌아가면서 만나기 때문에 매일 보고 사는 부부들에게 찾아오는 권태기도 없다 보니 부부 사이가 화목해진다.

또한 일부다처제가 시행되면 여성을 만나지 못하는 남성들의 숫자가 지금보다 훨씬 더 증가한다. 그럼 이들이 BJ들에게 별풍선을 쏘게 되면서 별풍선 업체로부터 받는 세금도 증가하게 되다 보니 저출산으로 인구가 줄어서 부족해지는 세금 문제까지 완벽하게 해결할 수 있다.

물론 반대 세력의 저항도 많을 것이다. 특히 이혼 소송을 담당하는 이혼 전문 변호사들의 반대가 예상된다. 일부다처제로 여성들이 평소 원했던 외모와 경제력을 갖춘 남성들과 결혼하게 되면 결혼 생활이 너무 행복해서 이혼율이 사실상 0%가 되다 보니 이혼 변호사들의 일거리가 사라지기 때문이다. 그리고 여성을 못 만나는 남성들의 시위가 벌어질 수 있는데 그럼 국가에서 별풍선을 무료로 제공하고 남성들이 BJ들에게 별풍선을 쏘면서 계속 살아가도록 해주면 된다.

저출산 관련된 설문조사 중에서 유일하게 여성들이 솔직하게 응답한 자료가 한 가지 있다. 한국보건사회연구원에서 실시한 것인데 이 조사에서 여성들이 결혼을 하지 않은 이유 1위로 고른 것이 무엇인지 아는가? 바로 '상대 남성의 조건'이었다. 즉, 쉽게 말해 키, 얼굴, 경제력, 직업 등에서 마음에 드는 남성이 없다 보니 결혼을 하지 않았다는 것이다.[126]

그렇다. 저출산은 결혼 건수 감소 때문이고, 이것은 남성들이 결혼을 원하지만 눈이 높아진 여성들이 결혼을 피하기 때문이다. 그래서 여성들을 만나지 못하는 수백만 명의 한국 남성들은 BJ들에게 연애 감정을 느끼면서 돈을 갖다 바치는 중이고, 여성들은 마음에 들지 않는 남성들과 결혼을 하느니 차라리 개와 고양이를 키우면서 혼자 살고 있다.

따라서 일부다처제의 시행을 통해 여성들이 자기가 평소 원했던 키 크고 잘생기고 돈이 많은 남성들과 마음껏 결혼할 수 있게 만들어주면 결혼 건수가 크게 증가하면서 저출산이 완벽하게 해결되는 것이다. 저출산 문제에 대해 이보다 논리적이고 명쾌한 해결책이 당신에게는 있는가?

여성들이 말하는 비혼의 진실

요즘 결혼과 관련된 많은 뉴스를 보면 여성들에게 결혼을 원하는지 인터뷰를 하는 일이 많다. 그런데 흥미롭게도 한국 여성들은 대부분 인터뷰에서 다음과 같이 말을 한다.

"결혼하고 싶지 않아요. 저는 비혼입니다."

비혼. 언젠가부터 우리나라에서 젊은 여성들이 자주 쓰는 용어다. 결혼을 원하지 않는다는 것인데 그렇다 보니 해마다 혼인 건수가 줄어드는 것은 당연한 일이라고 본다.

실제로 통계청의 설문조사 결과를 보면 20대, 30대 여성 중 무려 70%의 여성들이 '결혼 생각이 없다'라고 말했다.[127] 그런데 정말 여성들은 결혼하고 싶지 않은 것일까?

우리 과거로 돌아가보자. 한국 여성들은 사실 어렸을 때 누구보다도 결혼을 하고 싶어했다. 그리고 그녀들이 결혼을 하고 싶어했던 남성들은 우리가 너무나 잘 알고 있는 전설의 아이돌 그룹들 〈H.O.T.〉, 〈젝스키스〉, 〈신화〉, 〈동방신기〉 멤버들처럼 잘생기고 멋진 오빠들이었다.

지금도 같다. 예를 들면 현재 최고의 인기를 누리고 있는 남성은 아이돌 그룹의 멤버이자 배우인 '차은우'다. 183cm, 잘생긴 얼굴을 가진 차은우를 사랑하는 여학생들이 넘친다. 심지어 사람들이 자신의 고민을 올리는 〈네이버 지식인〉에 보면 다음과 같은 사연들이 있을 정도다.

"안녕하세요. 제가 차은우 오빠랑 결혼을 하고 싶은데요. 어떻게 해야 할까요? 진짜 하 …… 그런데 제가 차은우 오빠랑 11살 차이가 나거든요. 가능한가요."[128]

"차은우 오빠한테 반해서 질문합니다. 하, 진짜 미치도록 잘 생겼어요. 웃을 때마다 심장이 떨려요. 두근두근하는 게 사랑 같아요. 어떻게 하면 결혼할 수 있을까요? 후하"[129]

직접 〈네이버 지식인〉에 가서 위의 사연들을 검색해 보면 그대로 나온다. 그런데 반응들을 봐라. '진짜 하······', '후하' 이런 표현은 정말 여학생들의 마음속에서 차은우와 결혼을 하고 싶어서 나온 진심이 담긴 표현들이다.

이처럼 한국 여성들은 누구나 저렇게 어렸을 때, 키 크고 잘생긴 아이돌 오빠와 결혼하고 싶어했다. 그런데 어른이 되어서 무려 70%가 비혼을 하겠다니 정말 이상하지 않은가? 이제 여성들이 말하는 비혼의 진실을 알 때가 되었다.

SBS 스페셜 〈결혼 말고 비혼〉 편에 비혼주의자인 여성이 나왔다. 그때 인터뷰에서 해당 여성은 결혼하고 싶지 않다고 말했다. 그런데 이때 여성의 아버지가 방송에 함께 나왔다. 그때 딸의 이야기를 다 들었던 아버지는 뭐라고 말했을까? 인터뷰에서 그는 다음과 같이 말했다.[130]

"방탄소년단의 젊은 친구가 나타났어요. 돈도 있고 잘생기고 너무 유명하죠. 그런데 우리 딸의 손을 잡고 '나랑 결혼해 줄래?'라고 청혼가를 불러봐요. 그럼 결혼을 안 할 것 같아요? 저는 한다고 봐요. 우리 딸은 분명히 바뀔 거예요."

딸의 아버지는 유명한 아이돌 그룹 '방탄소년단'을 언급하면서 비혼에 대한 자신의 생각을 말했다. 비혼을 생각해도 결국 자신의 마음에 드는 멋진 남성이 나타나면 비혼에 대한 생각이 달라질 수밖에 없다는 점을 이야기했던 것이다.

실제로 그렇다. 여성이 소개팅을 했는데 키 작고 못생긴 남성이 나온다면 당연히 결혼을 하고 싶은 마음이 없어진다. 그런데 만약 소개팅에 배우 강동원, 조인성, 이동욱, 차은우처럼 키 크고 잘생긴 남성이 나온다면 어떻게 될까? 당연히 여성에게는 결혼하고 싶은 마음이 저절로 생긴다.

바로 이것이다. 여성들이 말하는 비혼은 강력한 종교적인 신념을 가지고 절대 결혼하지 않겠다는 것이 아니라 '선택적 비혼'이라고 할 수 있다. 키 작고 못생긴 남성과는 '비혼'을, 키 크고 잘생긴 남성과는 '결혼'인 것이다.

이것과 관련해서 재미있는 사례도 존재한다. 유튜브 구독자 수가 150만 명이 넘고, 많은 방송 활동으로 유명한 여성 유튜버 A씨의 사례다. 그녀는 평소에 비혼을 계속 외치다가 갑자기 결혼을 발표했는데 남편이 배우 이동욱을 닮은 모델 출신의 잘생긴 남성이라고 밝혀서 화제가 되었다.[131]

여러분도 주위에서 비혼을 찬양하다가 남성들을 만나서 갑자기 결혼하는 여성들을 많이 봤을 것이다. 그런데 여성들은 결혼하고 싶다는 속마음과 다르게 왜 비혼을 주장할까? 간단하다. 여성은 남성보다 외적으로 다른 사람에게 자신이 어떻게 보이는지에 대해서 훨씬 민감하기 때문이다.

즉, 비혼은 여성이 자신의 마음에 드는 남성을 만나지 못하고 혼자 살면서 주변 사람을 만났을 때 '왜 결혼하지 않고 혼자 사세요?'라는 질문이 나오는 것에 대해 방어하기 위한 여성 특유의 '심리적 방어 기제'라고 할 수 있다. 비혼을 말하다가 뜬금없이 결혼하는 여성들은 전부 이런 경우다.

그렇다 보니 70%의 여성이 비혼이라고 응답한 설문조사 결과를 보면 황당하다. 드라마 〈선재 업고 튀어〉로 유명해진 키 크고 잘생긴 배우 변우석의 팬미팅에 참석하기 위해 무려 70만 명의 젊은 여성들이 몰렸는데 20~30대 한국 여성들 중에 70%가 비혼이라고 말하는 것을 믿는가?

진짜 속마음은 다르다. 결혼하지 않겠다고 비혼을 맹세한 여성들은 배우 강동원, 조인성, 차은우, 변우석처럼 키 크고 잘생긴 남성들을 직접 만나는 순간, 갑자기 비혼주의자에서 결혼주의자로 변신한다. 이것이 비혼의 진실이다.

필자의 집안에도 비혼을 말하지만 사실 누구보다 결혼을 원하는 사람이 있다. 바로 우리 누나다. 결혼에 관심 없다고 항상 말하지만 누나는 고등학생 시절에 전설의 아이돌 그룹 〈동방신기〉를 좋아했고, 지금은 변우석에게 빠져 있다.

그래서 필자가 "변우석이 결혼하자고 해도 안 할 거야?"라고 물으면 누나는 계속 웃는다. 조카들을 사랑하는 누나를 볼 때마다 일부다처제가 있었다면 눈이 높은 누나도 결혼을 해서 아이를 낳고 행복하게 살았을 것이라고 생각한다.

이제는 이런 비극을 끝내자. 수많은 한국 여성들이 결혼을 하고 싶은데 주위에 멋진 남성들이 없다 보니 비혼이라는 거짓말로 자신을 포장하고 있다. 외로워도 마음에 들지 않는 외모의 남성들과 결혼해서 자식을 낳는 것은 싫다 보니 대신 개와 고양이를 자식처럼 키우고 있는 것이 현실이다.

그러니 이제 대통령, 국회, 정부가 함께 뜻을 모아서 일부다처제를 실시하자. 그럼 여성들이 자유롭게 키 크고 잘생긴 남성들과 마음껏 결혼하게 되면서 저출산 문제가 해결되고, 대한민국에는 사랑과 평화가 찾아오게 될 것이다.

에필로그

저출산의 불편한 진실을
말할 수밖에 없었던 이유

 이제 여러분은 저출산의 불편한 진실을 모두 알게 되었을 것이다. 필자가 현실을 풍자했을 뿐만 아니라 외모, 경제력, 성형, BJ, 스폰, 해외 사례까지 논리적이고 직설적으로 모두 이야기했기 때문이다. 하지만 정부와 언론, 그리고 대학 교수들은 계속 저출산이 집값, 사교육비, 경력 단절, 독박 육아 때문이라고 한다. 그래서 마지막으로 정리해 보겠다.

 먼저 여러분은 주위에서 집값 때문에 결혼을 못한 남녀를 본 적 있는가? 당연히 없을 것이다. 남성이 아파트를 마련하든지, 부부가 대출을 받거나 부모님 도움을 받든지, 청약에 당첨되거나 전세 또는 월세로 살든지, 결혼을 결심한 커플은 어떻게든지 결국 문제를 해결하고 결혼하기 때문이다.

이것이 진실인데 어떻게 집값 때문에 저출산이 생겼다고 말할 수 있는가? 결혼을 생각하는 커플이 집값 때문에 결혼하지 못하고 전부 다 헤어진다는 말인가? 아니면 사귀려는 젊은 남녀가 "집값이 너무 비싸니까 우리 사귀지 말자!"라고 말하는가? 그러니 집값과 전혀 상관없다는 것이다.

또한 아파트 값이 5천만 원으로 낮아져서 집을 구하는 것이 쉬워졌다고 가정해 보자. 그런 아파트를 남성이 갖고 있으면 여성이 무조건 결혼을 할까? 당연히 아니다.

아파트 값이 5천만 원이면 요즘 여성들도 경제력이 있다 보니 구매 가능해서 아파트가 있다는 이유만으로 그 남성과 결혼하는 여성은 나타나지 않는다. 게다가 집을 가진 남성의 외모가 별로라면 요즘 여성들은 그런 남성과 결혼하는 것을 거부한다. 그래서 현실적으로 집값 탓만 할 수 없다.

집값이 원인이 아니라는 것은 지방을 봐도 알 수 있다. 지방은 수도권보다 집값이 훨씬 낮지만 저출산이다. 여성들의 사회 진출 및 성형 때문에 여성들이 남성의 외모와 경제력을 보는 눈이 높아져 결혼 건수가 감소한 현상은 지방도 같기 때문이다. 그래서 집값이 저렴한 지방, 집값이 비싼 수도권 모두 결혼 건수 감소로 저출산을 겪고 있다.

이뿐만이 아니다. 유명한 도시 국가인 싱가포르는 국가의 예산으로 넓고 깨끗한 아파트를 지은 다음, 국민들에게 무려 99년 동안 임대해 주면서 누구나 사실상 자신의 집을 갖게 해주는 공공주택 제도를 실시하고 있는 나라다.

　그렇다 보니 대부분의 사람들이 부담 없는 비용으로 좋은 아파트에 살고 있는 중이고, 국민들의 약 90%가 집을 소유하고 있으며 집값 문제가 없는 것으로 유명하다.[132]

　그런데 싱가포르의 2023년 출산율이 얼마인지 아는가? 0.97에 불과하다. 이것도 싱가포르에서 10%대를 차지하고 있는 말레이시아계 사람들의 출산율이 약 2명으로 유럽에서 이민자들의 출산율처럼 높다 보니 가능했던 것이다.[133]

　반면 싱가포르의 주류인 중국계 사람들은 무려 70%대의 비율을 차지하는데 놀랍게도 이들의 출산율은 0.87로 매우 낮다. 중국계 여성들은 눈이 높아서 결혼을 안 한다.

　즉, 집값 문제가 없는 싱가포르도 결국 모든 선진국처럼 남성의 외모와 경제력을 보는 여성들의 눈이 높아져서 결혼 건수가 늘지 않고 출산율이 낮아졌다고 할 수 있다.

　이렇게 명백한 사례들까지 있는데 계속 집값이 저출산의 원인이라면서 논리에 맞지 않는 이야기를 할 것인가?

사교육비 이야기는 더욱 황당하다. 사교육비와 저출산이 무슨 상관인가? 가끔 여성들의 인터뷰를 보면 자주 미래의 사교육비 부담 때문에 결혼을 하지 않겠다고 말한다.

그런데 배우 강동원과 소개팅을 하는데도 여성들이 "저는 결혼하면 자녀에게 들어갈 사교육비가 부담되어서 강동원, 당신과 결혼을 하지 않겠습니다."라고 말하겠는가? 자신의 마음에 드는 남성을 만나면 사교육비 생각은 사라진다.

또한 요즘 자녀를 적게 낳은 부부는 크게 두 가지 경우다. 늦은 결혼으로 30대 중후반에 첫째를 낳다 보니 둘째는 임신하기 힘들어진 경우, 또는 1명만 낳아서 잘 기르자는 가치관을 가진 경우다. 이것이 진실인데 누가 사교육비만 생각을 해서 자녀 숫자를 결정하는가? 주위에서 그런 부부를 본 적 있는가? 그러니 사교육비도 저출산과 상관없다.

경력 단절도 마찬가지다. 언론에서 길거리 인터뷰를 하면 미혼 여성들이 항상 말하는 이야기가 결혼으로 생길 수밖에 없는 경력 단절 때문에 결혼할 생각이 없다는 것이다.

그런데 출산으로 인한 경력 단절은 당연히 어쩔 수 없는 일이지만 일정 기간이 지나면 해결되는 문제다. 그리고 무엇보다 경력 단절 문제에도 불편한 진실이 포함되어 있다.

잘 생각해 보자. 여성들이 키 크고 잘생기고 돈 많은 남성을 만났는데 경력 단절 때문에 정말 결혼을 안 한다고 생각하는가? 배우 조인성, 차은우 같은 남성들이 결혼하자고 말하면 여성들은 잠시 경력 단절되는 것을 신경 쓰지 않는다. 그래서 일정 기간의 경력 단절 때문에 결혼을 하지 않겠다고 말하는 것은 진짜 속마음이 아니라고 할 수 있다.

독박 육아 때문에 저출산이라는 것은 왜곡의 결정판이다. 남성들이 육아를 정말 안 도와주는가? 여러분 주위에 있는 부부들을 보면 알 수 있듯이 요즘은 남편이 퇴근하고 집에 오면 자연스럽게 육아를 돕는 시대다. 그리고 실제로는 수십 년 전의 여성들이 독박 육아를 했는데 오히려 그때 출산율은 훨씬 높아서 1960년에는 무려 6.16을 찍기도 했다.

정리를 하면 집값, 사교육비, 경력 단절, 독박 육아는 대한민국 저출산의 원인이 아니고, 정부와 언론이 억지로 인과관계를 맞추기 위해서 말도 안 되는 이야기를 하는 것뿐이다. 저출산의 진짜 원인은 여성들의 사회 진출과 성형으로 인해 여성들이 남성의 외모와 경제력을 보는 눈이 높아져서 결혼 건수가 감소했기 때문이다. 필자가 저출산 설문지를 제대로 만들었으니 다음 페이지에서 보면 이해가 더욱 쉽다.

질문 : 귀하(남성)가 결혼하지 않은 이유는 무엇입니까?

1. 여성을 만나지 못할 만큼 못생겨서

2. 여성을 만나지 못할 만큼 키가 작아서

3. 여성을 만나지 못할 만큼 수입이 적어서

4. 여성을 만나지 못할 만큼 직업이 좋지 않아서

5. 좋은 사람을 못 만나서 (외모, 경제력 되는 남성만)

질문 : 귀하(여성)가 결혼하지 않은 이유는 무엇입니까?

1. 우리나라 집값이 너무 비싸서

2. 사교육비가 많이 들어갈 것 같아서

3. 일정 기간 동안의 경력 단절이 싫어서

4. 남편이 육아를 전혀 안 도와줄 것 같아서

5. 멋진 외모와 경제력을 가진 남성을 못 만나서

그렇다. 이제 모든 것이 정리되었다. 결혼적령기 남성들은 1~5번 중 한 가지 또는 여러 가지를 선택할 것이고, 반대로 결혼적령기 여성들은 모두 5번을 고를 것이다.

결국 저출산의 가장 큰 원인은 논리적으로 설명을 했듯이 요즘 여성들이 원하는 남성의 외모 및 경제적인 조건이 과거보다 높아져서 결혼 건수가 크게 감소했기 때문이다.

또한 이런 사실은 유튜브에서도 결혼정보회사 대표들이 수많은 상담 경험을 바탕으로 이야기를 하고 있는 내용이다. 여성들이 175cm 이상, 아파트를 보유한 남성을 기본적으로 찾다 보니 결혼을 주선하는 일이 쉽지 않다고 말한다.

이것이 진실인데 해외에서도 저출산 원인에 대해 엉뚱한 이야기를 한다면 과연 믿겠는가? 예를 들자면 영국의 유명 방송사 BBC가 집값, 사교육비, 경력 단절, 독박 육아 때문에 대한민국이 저출산이라고 보도한 적 있었다.[134]

안타까운 것은 이런 잘못된 논리들이 우리 사회에서 만연하다 보니 불필요한 예산 지출과 의미 없는 소모적인 논쟁이 지속되고 있다는 점이다. 이것이 필자가 책을 쓴 이유다.

정부 및 언론이 "눈이 높아진 여성들이 평범한 남성들을 외면해서 결혼 건수가 줄었고, 여성을 만나지 못하는 수백만 명의 한국 남성들은 모니터 속의 BJ를 여자친구로 여기면서 돈을 갖다 바치고 있습니다."라고 말할 수는 없지 않겠는가? 그래서 필자가 대신 불편한 진실을 말해준 것이다.

그럼 복습을 해보자. 여성들의 눈이 높아진 이유는 이미 책을 통해 설명했듯이 '사회 진출'이 첫 번째 원인이다. 만약 할머니 세대가 요즘 많은 여성들처럼 남성의 키, 얼굴, 직업, 경제력를 따져서 결혼하지 않았다면 어떻게 됐을까?

여성의 사회 진출이 어려웠던 그 시대에는 조건을 따지고 결혼하지 않았던 여성은 생존이 불가능했다. 경제력이 없었기 때문이다. 그래서 할머니 세대 여성들은 반드시 결혼해야 했고, 성형으로 예뻐진 여성들도 없어서 남성의 조건을 보는 눈이 낮았다. 덕분에 할아버지 세대의 남성들은 외모가 부족해도 직업만 있으면 누구나 쉽게 결혼할 수 있었다.

하지만 지금은 과거와 전혀 다르다. 더 이상 현대 사회의 여성들은 먹고 살기 위해 남성과 결혼할 필요가 없다. 좋은 교육도 받았고, 사회에 진출해서 누구나 직업을 가지고 혼자 살아갈 수 있을 만큼 충분한 돈을 벌게 되었기 때문이다.

또한 여성들 중에서 고소득 전문직, 예를 들면 의사 또는 변호사 같은 직업을 갖게 된 경우도 과거보다 압도적으로 많아졌다. 그래서 오히려 남성들보다 경제력이 좋은 여성들도 주위에서 정말 쉽게 찾아볼 수 있게 되었다.

그런데 바로 이런 점들이 결혼 건수 감소와 저출산이라는 결과를 낳았다. 왜냐하면 여성에게는 자기보다 가치가 낮은 남성과는 결혼하지 않고, 자기보다 높은 가치를 가진 남성과 결혼을 하려는 '상향혼' 본능이 있기 때문이다.

그렇다 보니 여성들이 고소득 전문직을 많이 차지하거나 또는 직장에서 계급과 연봉이 올라갈수록 결혼은 계속 어려워진다. 자신의 가치가 높아진 만큼 남성의 조건을 보는 눈높이도 올라가다 보니 만족스러운 남성을 찾지 못한다.

이뿐만 아니다. 책의 앞부분에서 소개한 설문조사 결과를 기억하는가? 여성들은 자기보다 돈을 못 버는 남성과 결혼할 필요성을 못 느낀다고 했다. 그러니 여성들이 돈을 버는 현대 사회에서는 결혼 건수가 줄어들 수밖에 없다.

즉, 여성들이 사회적 지위가 높아지고 많은 돈을 벌수록 아이러니하게도 남성의 조건을 보는 눈이 높아지면서 결혼 건수가 감소하여 출산율이 낮아진다. 여성들의 사회 진출이 활발한 선진국들의 모임인 OECD 국가들이 모두 저출산을 겪는 이유가 이것이라고 할 수 있다. 반대로 여성들의 사회 진출이 활발하지 않은 중동, 아프리카의 출산율은 엄청나다. 이라크 4.0, 아프가니스탄 5.12, 소말리아 5.8이다.

그렇다. 결혼과 출산은 남성이 '하늘', 여성이 '땅'인 경우 잘 이루어진다. 1960년에 우리나라 출산율이 6.16을 찍은 것도 과거에는 남성들만 주로 일을 했다 보니 여성들에 대한 경제적 우위를 바탕으로 쉽게 결혼할 수 있었기 때문이다.

하지만 이제 여성들도 사회에 진출해서 경제력을 가지고 눈이 높아진 반면, 그 눈높이를 채워줄 남성들은 적다 보니 결혼 건수 감소로 모든 선진국들이 저출산을 겪고 있다.

그런데 궁금한 것은 선진국들 중 우리나라는 왜 저출산이 가장 심각한지, 바로 이것이었다. 여기에 대해 필자가 찾은 정답이 책의 주제인 '성형'이라고 할 수 있다.

성형이라는 것은 단순하게 얼굴이 예뻐지는 것이 아니다. 예뻐지면 술집, 카페, 길거리 등에서 많은 남성들이 번호를 묻는다. 또한 인스타그램에 셀카 사진 하나만 올려도 수많은 남성들에게 예쁘다는 칭찬의 댓글과 메시지를 받는다.

이처럼 성형으로 예뻐진 여성은 20대 시절에 남성들에게 뜨거운 관심과 물질적 투자를 받으면서 엄청난 '갑'이 된다. 평범한 외모를 가진 시절에는 상상할 수 없었던 화려한 삶을 성형하고 예뻐진 이후부터 마음껏 누리게 되는 것이다.

그런데 젊은 시절에 이런 화려한 삶을 계속 누리면 여성들의 심리가 어떻게 되겠는가? 많은 남성들에게 항상 공주처럼 대접을 받게 되다 보니 저절로 눈이 높아진다.

그 결과, 책의 앞부분에서 소개했던 '예쁜 여성이 평범한 여성보다 남성의 외모, 경제력 등 모든 조건들을 보는 눈이 높았다'는 유명한 심리학 연구처럼 정말 그런 일이 생긴다. 평범한 여성이 성형으로 예뻐지면 수많은 남성들의 관심과 물질적 투자를 받기 때문에 눈이 높아지는 것이다.

성형의 영향은 여기에서 끝나지 않는다. 성형으로 예뻐진 수많은 여성들은 인스타그램 인플루언서로 월 수천만 원을 벌고, 유튜브에서도 몸매 노출로 엄청난 돈을 벌고 있다.

또한 스폰을 하는 성형녀들은 성매매로 받은 엄청난 돈을 가지고 명품, 해외여행, 고급 호텔 등 호화로운 생활을 계속 즐기면서 인스타그램에 자랑하는 사진들을 올린다.

컴퓨터 앞에 앉아서 몸매 노출로 1년에 수억 ~ 수십억을 버는 여성 BJ들도 사치스럽고 호화스러운 생활을 즐긴다. 그런데 그녀들의 얼굴과 몸매를 봐라. BJ들은 앞트임, 뒤트임, 쌍꺼풀, 코, 윤곽, 가슴까지 모든 성형을 했다.

즉, 성형이 없었다면 수많은 여성들이 쉽게 부자가 되는 일은 없었다. 성형은 여성들을 예쁘지게 만들어서 많은 남성들에게 관심을 받게 해주었고 유튜버, 인플루언서, 스폰, BJ, 화류계, 성매매로 엄청난 돈을 벌 수 있도록 만들었다.

이처럼 성형한 외모를 이용해서 젊은 시절에 많은 관심을 받거나 많은 돈을 번 여성들은 어떻게 될까? 당연히 평범한 남성은 눈에 들어오지 않을 만큼 눈이 높아지게 된다.

바로 이런 원리 때문에 성형한 여성들이 많아질수록 결혼 건수 감소가 발생하면서 저출산이 심해진다. 세계 성형 1위 대한민국이 세계 저출산 1위인 이유가 이것이다.

그런데 성형은 일본, 중국, 미국, 유럽 등 모든 선진국들의 저출산에도 작용한다. 특히 성형 때문에 중국은 결혼 건수의 감소로 인해 7년 만에 신생아 수가 무려 981만 명이나 감소하면서 우리나라와 저출산 1위를 다투게 되었다.

2000년부터 시작해서 2017년까지 무려 18년 동안 연간 1,600만 명 ~ 1,800만 명대의 신생아 수를 계속 유지했던 나라였다. 그런 중국이 2010년대 후반부터 저출산의 늪에 빠지게 된 이유를 우리는 앞에서 이미 공부했다.

중국의 집값이 갑자기 10배 뛰었는가? 아니면 중국의 결혼 지참금이 10배 늘어났는가? 그렇지 않다. 앞서 이미 소개했듯이 1989년생 중국 인플루언서 '장다이'가 1년에 500억 벌고, 1991년생 중국 BJ '펑티모'가 성형으로 예뻐져서 1년에 80억을 벌고, 많은 여성들이 성매매와 스폰, 인플루언서(왕홍), BJ로 1년에 수십억 버는 것을 떠올려보면 된다.

정답은 1980년대 후반 ~ 1990년대생의 여성들이 성형을 많이 했고, 예뻐진 후에 남성들에게 공주 같은 대접을 받았을 뿐만 아니라 성형한 얼굴과 몸매를 이용하여 위에서 언급했던 여러 가지 방식으로 엄청난 돈을 벌었기 때문이다.

결국 중국의 성형녀들도 평균 월급 100만 원 받는 평범한 중국 남성들을 싫어하게 되었다. 그렇게 눈이 높아진 수많은 1990년대생 여성들이 결혼을 하지 않게 되면서 2010년대 중반부터 엄청난 속도의 결혼 건수 감소가 시작되었다.

이로 인해 결혼 건수는 2013년 1,346만 건에서 2022년 683만 건으로 약 700만 건이 줄었고, 신생아 수도 2016년 1,883만 명에서 2023년 902만 명으로 무려 981만 명이나 줄었다. 중국은 한국처럼 성형이 어떻게 결혼 건수 감소 및 저출산을 초래하는지 보여주는 중요한 사례인 것이다.

우리나라 여성들이 얼마나 많이 성형을 했는지는 전수 조사가 없고 표본 조사만 있지만 세계 성형 비율 1위라는 것은 누구나 아는 사실이다. 특히 여행을 통해 일본, 중국, 미국, 유럽 등 세계 각국 여성들을 본 사람들이라면 대한민국처럼 성형을 많이 하는 나라가 없다는 것을 확실하게 안다.

거리에서는 쉽게 성형한 여성들을 볼 수 있고, TV를 켜면 나오는 방송의 여자 아나운서, 여자 연예인들도 거의 대부분 성형했다. 심지어 '핫플레이스'라고 불리는 서울의 압구정, 이태원, 신사동 가로수길, 강남, 홍대 등 번화가에서는 무려 90% 이상의 여성들이 성형한 모습을 볼 수 있다.

그런데 만약 성형이란 기술이 없었다면 어떻게 되었을까? 유튜브 댓글을 보면 정답을 알 수 있다. 유튜브에서 〈성형의 위대함을 보여준 여자 연예인〉이라는 제목의 영상이 화제가 된 적 있었다. 그때 영상을 보고 충격받은 네티즌들이 남긴 댓글 중 추천을 가장 많이 받은 댓글은 다음과 같았다.

"성형이 없었던 시절에 태어났으면 거들떠도 안 볼 얼굴들인데 의사한테 매일 열 번씩 절하고 살아야 할 듯"

그렇다. 성형이 없었더라면 수백만 명의 여성들은 예쁘지 않은 얼굴로 살았을 것이다. 그럼 남성들이 예쁘다고 번호를 묻는 일도 없었다. 당연히 연예인, 인플루언서, 유튜브, BJ, 스폰, 성매매로 수십억 ~ 수백억을 버는 일도 없었다.

즉, 성형이라는 희대의 사기 기술만 없었더라도 여성들이 남성들에게 공주처럼 대접받고, 성형한 얼굴과 몸매로 많은 돈을 벌면서 눈이 높아지는 일이 없었을 테니 결혼 건수 감소로 저출산이 심해지는 일도 생길 수 없었던 것이다.

결국 저출산 해결책은 간단하다. 성형이 잘되어서 엄청난 이익을 얻고 있는 여성들의 얼굴을 초등학교 졸업 앨범 속의 얼굴로 되돌리면 된다. 하지만 그런 일은 불가능하다.

또한 구글과 유튜브에는 성형외과에서 올린 여성들의 눈, 코, 윤곽, 가슴 성형 전후 사진과 영상이 많다. 그것을 보면 예뻐진 모습에 "진짜 사기다"라는 소리가 저절로 나온다.

하지만 성형으로 얼굴과 몸매를 교체한 여성들은 '유전자 사기죄'로 재판 받고 감옥에 가지 않는다. 오히려 성형으로 예뻐진 덕분에 수많은 남성들에게 엄청난 관심과 물질적인 투자를 받으면서 즐겁고 행복한 삶을 산다.

대한민국 정부는 1990년대에 태어난 신생아의 수가 매년 70만 명 전후로 많았다 보니 앞으로 결혼 건수 감소가 회복되고 저출산이 완화될 것이라고 한다. 실제로 1990년대생들의 결혼적령기는 2025년 ~ 2035년 사이에 있다.

하지만 정부의 전망은 완전히 틀렸다. 1990년대생의 여성들이 1980년대생 여성들보다 훨씬 더 많이 성형을 했을 뿐만 아니라 유튜브, 인플루언서, BJ, 스폰, 성매매 시장에서 대한민국 역사상 최대 규모로 활동하고 있기 때문이다.

이것이 현실인데 성형 때문에 눈이 높아진 여성들이 결혼한다고 생각하는가? 혼인 건수는 증가해도 일시적인 것이고 BJ들에게 빠지는 미혼 남성들의 숫자만 계속 늘어난다.

미래가 암울한 이유가 한 가지 더 있다. 평균 60 ~ 70만 명이 태어난 1985 ~ 1995년생들이 현재 연간 20만 명대를 낳고 있다. 즉, 미래에 결혼하는 남녀 숫자가 이미 엄청나게 감소했기 때문에 저출산을 극복하는 것은 불가능하다.

따라서 연간 신생아 수는 일시적인 증가나 비슷하게 유지되는 현상이 발생하더라도 궁극적으로 감소를 피할 수 없기 때문에 계산해 보면 2040년대에 10~15만 명, 2050년대에 1~5만 명을 찍고 세계 신기록을 달성하게 될 것이다.

결국 저출산의 해결책은 일부다처제밖에 없다. 1990년대 아이돌 그룹 〈H.O.T.〉가 엄청난 인기를 모은 시절, 수많은 여학생들은 〈H.O.T.〉 멤버 강타 (안칠현), 토니 안 (안승호)의 이름을 갖고 자신들을 '칠현 마누라', '안승 부인 (안승호 부인)'이라고 하면서 오빠들과 결혼하고 싶어했다. 2000년대에도 수백만 명의 여학생들이 아이돌 그룹 〈동방신기〉의 오빠들과 결혼하고 싶다는 마음을 가졌다.

그렇다. 지금 미혼인 30대, 40대 여성들은 원래 결혼하고 싶었다. 모두 멋진 오빠들의 마누라, 부인이 되고 싶어했다. 그랬던 여성들이 커서 비혼을 외치고 개를 키우며 혼자 사는 이유는 아이돌 오빠들 같은 남성들이 주위에 없기 때문이다. 그래서 미혼 여성들이 항상 친구를 만나면 "주위에 괜찮은 남자가 없어."라고 말하면서 한숨을 쉬는 것이다.

이제 여성들의 행복과 저출산 해결을 위해 일부다처제를 실시하자. 필자는 드라마에서 키 크고 잘생긴 배우 '공유'를 보고 문득 깨달았다. 공유를 공유할 수 있는 사회가 되어야 저출산이 해결된다는 사실을. 공유, 강동원, 조인성, 차은우처럼 키, 얼굴, 경제력을 모두 갖춘 남성들과 만약 결혼할 수 있다면 대한민국 여성들이 얼마나 행복하겠는가?

이외에 필자는 다른 해결책들도 제시했다. 여성 징병제를 통해 여성이 결혼과 출산을 원하도록 만들어야 한다. 그리고 못생긴 남성들에게 성형수술 비용을 무료로 지원하면 된다. 또한 여성들이 전문직 남성을 좋아하니 의사, 변호사를 합쳐 매년 10만 명의 전문직 남성들을 만들자고 주장했다.

그런데 정부는 필자의 해결책들을 실천하지 못할 것이다. 논리적으로 맞지만 실천하기 어렵기 때문이다. 현실을 풍자하려고 웃기게 쓴 전문직 10만 양병설과 일부다처제를 빼고 여성 징병제 실시와 남성의 성형 무료 지원은 정말 현실적인 해결책이지만 이것도 실천하지 못할 것이 분명하다.

그럼 다른 해결책이 있는가? 당연히 없다. 우리나라를 포함해서 모든 선진국들이 저출산을 겪고 있다. 여성들의 사회 진출과 성형으로 여성들이 남성의 외모, 경제력을 보는 눈이 높아져서 결혼 건수 감소로 저출산이 생겼는데, 선진국들이 쓰는 정책들은 이것과 전혀 관련이 없기 때문이다.

즉, 바꿔 말하면 여성들의 사회 진출과 성형을 법적으로 금지해서 여성들이 돈을 벌지 못하게 만들고, 예뻐지는 것을 막는 것이 완벽한 저출산 해결책이라고 할 수 있다. 하지만 이것은 비현실적이기 때문에 결국 답은 없는 것이다.

따라서 정부는 지난 20년 동안 그랬던 것처럼 앞으로도 효과가 없는 부분에 꾸준히 저출산 예산을 쓰면서 낭비를 할 것이고, '저출산 전문가'라는 대학 교수들과 언론은 '집값, 사교육비, 경력 단절, 독박 육아 때문에 저출산이 생겼다'는 황당한 이야기를 지금처럼 계속 말할 것이 분명하다.

여성들의 사회 진출은 자연스러운 시대적 흐름이다 보니 문제라고 할 수 없다. 반면 성형수술은 심각한 문제다. 정말 이것만 없었더라도 출산율 1.5 정도는 가능했는데 세계에서 성형 비율 1위다 보니 세계 저출산 1위를 기록하고 말았다. 이제 출산율 0.1이 멀지 않았으니 어쩌면 좋을까?

결국 미래는 정해져 있다. 성형으로 예뻐져서 큰 이익을 누리는 여성들의 얼굴과 몸매를 원래대로 되돌릴 수 없으며 법으로 성형을 금지할 수 없고, 필자의 해결책도 실천할 수 없으니 우리는 저출산으로 대한민국이 사라지는 것을 그냥 지켜볼 수밖에 없다. 그래서 필자는 이 자리를 통해 미래의 대한민국에 작별 인사나 하면서 책을 마치려고 한다.

故 대한민국 님의 명복을 빕니다.

참고 문헌

01. "저출산에 380조원… 다 어디로 갔나요", 동아일보, 2024.04.25.
02. OECD 통계 2021년 자료 기준.
03. "아들 딸 구별 말고 둘만…" 50년 후, 경향신문, 2020.02.20.
04. 전설로 내려오는 현빈의 학창시절 인기, 일간스포츠, 2020.04.07.
05. 너무 잘생겨 대학교 때 얼굴 보려고 사람들 몰려서 축제 망쳤다는 배우, 메타코리아, 2024.09.05.
06. 유튜브 〈척언니〉, 남자들은 예쁜 여자를 제일 좋아할까?, 2024.05.20.
07. 유튜브 〈척언니〉, 경제력보다 외모가 1순위라면?, 2024.05.08.
08. EBS 〈다큐 시선〉 '결혼 파업', 2017.10.06.
09. 2030이 원하는 배우자상, 서울신문, 2023.12.06.
10. 네이트판 '키 작은 남자 소개시켜준 게 잘못인가요' 2016.02.29.
11. MBC 〈라디오스타〉 766회, 2022.04.27.
12. 변우석 팬미팅 예매 접속자 70만 명, 티브이데일리, 2024.05.28.
13. 재벌 2세 청혼한다면 남자친구 버린다, 일간스포츠, 2004.07.12.
14. 이성의 첫인상을 뒤집는 반전 요소는?, SBS Biz, 2013.05.03.
15. 최재천, 〈다윈 지능〉, 사이언스북스, 2012, p.137.
16. EBS 〈다큐 시선〉 '결혼 파업', 2017.10.06.
17. "연봉 6천에 성격 좋은 180cm"… 2030이 원하는 배우자상, 서울신문, 2023.12.06.
18. 가연, 'MZ세대 미혼남녀가 원하는 배우자상' 발표, 머니투데이, 2021.12.23.
19. 유튜브 〈직업의 모든 것〉, [결혼] 18부, 2022.07.03.
20. 아내 수입 남편보다 많으면? 여성은 "부자연스럽다" 남성은 "자랑스럽다", 파이낸셜뉴스, 2022.04.19.
21. 유튜브 〈직업의 모든 것〉, 우리나라 최고의 기업에 다니는데 결혼이 힘들다는 이유, 2023.06.30.

22. 유튜브 〈워크맨〉, 여름 극한알바 '에어컨 설치 기사', 2023.07.07.
23. "25-29세 여성 62% 성형수술 경험", 한겨레, 2007.02.21.
24. Buss, David M., and Todd K. Shackelford. "Attractive Women Want it All : Good Genes, Economic Investment, Parenting Proclivities, and Emotional Commitment 1." Evolutionary Psychology 6.1 (2008)
25. 유튜브 〈척언니〉, 결정사를 찾아온 어마어마한 여자들, 2024.06.20.
26. 트위치 손밍 팬트리 수익 26억 공개 후 팬들 가장 기겁한 부분, 아티브 뉴스, 2023.12.24.
27. 강남 텐프로 언니들 주말 단체로 해외가서는, 조선닷컴, 2012.05.15.
28. 미쳐버린 오피녀 한 달 수입, FM코리아, 2024.03.20.
29. 오피녀 한 달 수입, FM코리아, 2024.05.22.
30. 오피스텔 성매매 잡고 보니 하루 수입 120만원, 뉴스, 2015.10.28.
31. "낮타임 성매매를 아시나요?" 대기업 다니는 여성까지, 머니투데이, 2015.07.08.
32. 고액 성매매, 전직 걸그룹 멤버까지... '1회 150만원', 아시아경제, 2015.10.21.
33. 강남 5성급 호텔 VVIP '호텔 성매매' 충격 실태, 일요신문, 2012.10.14.
34. 클릭만 하면 부유한 남성, 젊은 여성 성매매 알선, 세계일보, 2006.09.22.
35. 팬데믹이 낳은 그들만의 성매매 '브압'을 아시나요?, 일요신문, 2023.01.27.
36. 아프리카 BJ 양팡 열혈 팬 44살 남성은 왜 한강 투신을 시도했을까, 한겨레, 2019.08.23.
37. 스토킹하던 BJ 모친 살해 시도, MBN, 2021.03.30.
38. '치지직' 227만명 VS '아프리카TV' 248만명, 조선일보, 2024.04.19.
39. "별풍선 2위인데 왜 안 만나줘" 강도로 돌변한 30대 남성들 최후, 헤럴드경제, 2024.12.01.
40. MBC 〈PD수첩〉 1078회, 2016.04.12.
41. SBS 〈동상이몽 시즌1 - 괜찮아 괜찮아〉 43회, 2016.03.07.

42. 별풍선 수익 24억 BJ 김시원, 활동 중단 선언, 엑스포츠뉴스, 2024.01.05.
43. 유튜브 〈진용진〉, 벗방 BJ들은 부모님이 아실까?, 2020.07.19.
44. 코인으로 5000만원 손실난 여BJ, 생일방송에서 별풍선 1억 받아, 머니투데이, 2021.09.13.
45. '사생활 유출 논란'으로 삭발 사죄한 여성 BJ, 중앙일보, 2016.11.24.
46. 혼밥 사진 올렸다가 숟가락에 반사된 남친 딱 걸린 아프리카 TV 여캠 BJ, 2020.06.15.
47. 남성 팬에 8000만원 뜯어 애인과 꿀격한 여성 BJ, 이데일리, 2021.07.02.
48. '1600만원 후원' 남성... 여성 BJ 피습, 서울신문, 2022.03.28.
49. 키스방 장부에 적힌 '9000건', 서울신문, 2022.07.21.
50. 성매수남 떨고 있나? 회원 11만 명 성매매 사이트 운영 일당 적발, 문화일보, 2022.06.21.
51. BJ에 별풍선 쏘다 사채 쓴 30대 '금품 털다' 덜미, 서울신문, 2024.02.14.
52. 공인중개사 살해 사건, 알고보니 "BJ한테 강퇴당해서", 이데일리, 2021.10.05.
53. BJ 선물에 돈 탕진하다 강도살인까지, 연합뉴스, 2020.09.10.
54. 아프리카TV서 별풍선 1억원 쏜 남성, 결국 자살, TV리포트, 2016.05.20.
55. BJ 후원 큰손 숨겨... 알고 보니 평범한 회사원이었다, JTBC, 2024.03.24.
56. 성인방송 BJ 정체, 7급 공무원이었다, 서울신문, 2023.11.14.
57. 여배우X기업 대표 불륜 스캔들, 이데일리, 2019.12.10.
58. 용감한 기자들 시즌3 52회, E채널, 2014.03.26.
59. SBS 〈그것이 알고 싶다〉 1018회, 2016.02.13.
60. "미스코리아 대기 중" 연예인 성매매 브로커의 '문자 영업', 경향신문, 2016.03.16.
61. 스폰 만남 미끼 성관계 후 도주한 30대 실형, 파이낸셜뉴스, 2020.09.01.
62. "서울 아파트 + 월 2천만원" 원조 교제의 유혹, 뉴스, 2024.06.15.
63. 유튜브 〈잼뱅TV〉, 강남에 20대 여성들이 몰리는 이유, 2021.08.18.
64. 유튜브 〈잼뱅TV〉, 전직 가드가 클럽 다니는 여자는 절대 안 믿는 이유,

2022.11.15.

65. 클릭만 하면 부유한 남성, 젊은 여성 성매매 알선, 세계일보, 2006.09.22.

66. MBC 〈뉴스후+〉 113회, 어느 신인 여배우의 죽음, 2009.03.21.

67. [바로 간다] 어느 회장님의 갑질... 비서에게 내연녀 심부름까지, MBC 뉴스, 2022.10.03.

68. 돈 많은 남자의 성노예로 사는 것이 좋다, 시사포커스, 2010.08.09.

69. "명품백 사줄게"... 스폰 카페 여성 11명 농락, 문화일보, 2011.07.19.

70. 중국 통계연감, 2020년.

71. 中 언론 "인조미녀 돌풍은 한류탓", 경향신문, 2003.12.05.

72. 중국 법원, "성형미인은 미인 자격 없다", 2004.07.23.

73. BBC 코리아, 세계 1위 넘보는 중국의 위험한 성형시장, 2021.07.13.

74. 중국 여름방학 성형 열풍 "한 달 이상 대기해야", 대한뉴스, 2017.07.29.

75. 성형외과만 300여 개, 中 성형의 메카 어디?, 중앙일보, 2021.04.13.

76. 중국 성매매녀 "한국 원정성형 위해 성매매", 서울신문, 2015.09.30.

77. 중국 여성모델 성매매로 체포, SBS 뉴미디어부, 2015.10.12.

78. 장다이, 한해 수입 500억원, 뉴스핌, 2017.06.14.

79. 반우윤, 소득세 176억 시원하게 납부, TV리포트, 2024.03.19.

80. 중국, 세계 성형 3위로 등극, 차이나 매거진, 2017.01.28.

81. 이 여성 따라 500명 '붕어빵 성형', 한국경제, 2024.09.02.

82. SBS 〈모닝와이드〉 6359회, 2016.07.17.

83. 한 달에 4000만 원 버는 중국 BJ의 일상, 영국 BBC, 2017.09.21.

84. 중국 유명 BJ 펑티모, 연수익만 100억?, 아시아투데이, 2019.01.28.

85. 10년치 연봉 번 교사의 선택은? 머니투데이, 2023.05.16.

86. 홍콩, 제 2의 등관?... 성매매업 확산 우려, 아주경제, 2014.02.17.

87. 성형에 2.5억 중국 인플루언서, 세계일보, 2024.06.13.

88. 20배 늘어난 일본인의 한국 원정 성형수술, 한국경제, 2018.09.28.

89. 여성은 남자 외모, 남자는 여자 경제력, 확 바뀐 일본 결혼 조선, SBS 뉴스, 2022.10.24.

90. 2022년 일본 넷플릭스 순위 자료.

91. 현빈, 제2의 욘사마 되나… 日 사랑의 불시착 신드롬 "외무상도 다 봤다", 서울신문, 2020.08.10.

92. 결혼 상대, 남성은 여자 경제력, 여성은 남자 이것, 확 달라진 조건, 서울경제, 2022.10.24.

93. 돈 없으니 그냥… 신혼부부 절반 나시혼, 중앙일보, 2012.02.07.

94. 일본 총무성, 2015년 기준 자료.

95. 미국 이민자 가정 출산율 큰 폭 하락세, 중앙일보, 2019.03.26.

96. 미국 트위치 스트리머, 19금 플랫폼 온리팬즈 '1000억' 수익 공개, 아시아투데이, 2024.01.10.

97. 구독형 서비스 온리팬스 대박 행진… 크리에이터 수익 7조원 돌파, 디지털투데이, 2023.08.25.

98. 코로나로 알바 잃은 미국 여대생들 슈가대디 몰려, KPI뉴스, 2021.03.16.

99. 영국 남자 신생아 이름 1위가 무함마드?, 매일경제, 2022.07.06.

100. 2050년까지 유럽 무슬림 인구 급증, 스웨덴 최대 3명 중 1명, 연합뉴스, 2017.11.30.

101. 이민자 이중교육으로 숙련 인력 탈바꿈, 서울경제, 2023.08.27.

102. 국정감사 자료, 진료과목별 외국인 환자 현황(2018년 ~ 2021년).

103. 법무부 "국내 태국인 78%가 불법체류", 매일경제, 2023.11.03.

104. 경남경찰 오피스텔 성매매 조직 일망타진, 부산일보, 2024.04.16.

105. 태국여성 300명 국내 성매매 알선, 연합뉴스, 2018.09.11.

106. 성형수술 19번 한 모델, 파이낸셜뉴스, 2024.05.18.

107. 모델 소의정, 마약 복용 및 성매매 논란, 스포츠동아, 2010.03.23.

108. 성매매로 수난 당하는 대만 모델들, 스포츠한국, 2011.03.22.

109. 홍콩 미녀배우 류리 성매매 파문, 아주경제, 2013.05.30.

110. 홍콩 연예인 4명 해외 원정 성매매, 헤럴드경제, 2015.03.27.

111. 2072년 한국 인구 절반이 65세 이상, 프레시안, 2023.12.14.

112. 임신해도 3명 중 1명 유산, 한국경제, 2023.10.02.

113. 결혼도 그닥인데 애는 무슨, SBS 뉴스, 2023.10.29.

114. 질병관리본부, 남북하나재단 통계 자료.

115. 남자 69%, 북한 여성과 결혼한다, 세계일보, 2014.01.13.

116. 정부가 출산 양육비 1억 준다? 권익위, 저출산 위기 의견수렴, 뉴스1, 2024.04.22.

117. 결혼하면 2억 초저리 장기대출… 나경원 1호 법안 추진, 국민일보, 2024.04.26.

118. 헝가리식 저출산 대책이 출산율을 끌어올린다?, 매일경제, 2023.01.27.

119. 40대 접어든 83년생 3명 중 1명꼴 미혼, 연합뉴스, 2023.12.28.

120. 서울시 여성가족재단 설문조사 자료, 2016년.

121. Ahmad Hlehel, (2017), Fertility Among Jewish Women in Israel, by Level of Religiosity, 1979-2014, Working Paper, Central Bureau of Statistics.

122. 이스라엘, 프랑스는 어떻게 극복했나, 뉴스1, 2023.01.22.

123. 유명 대학병원 의사 사칭해 수백명과 데이트한 30대 남성 검찰 송치, MBC 뉴스, 2021.10.14.

124. 유튜브 〈상쾌한 배변〉, 2024.02.23.

125. 유튜브 〈최재천의 아마존〉, 수컷만 구애활동을 하는 이유, 2021.07.16.

126. 男 "돈 없어"·女 "사람 없어" 결혼 안 해, YTN 뉴스, 2016.07.31.

127. 2030 여성 70%, "결혼 생각 없다", 한국경제, 2023.12.15.

128. 네이버 지식인, 2024.02.26.

129. 네이버 지식인, 2021.01.08.

130. SBS 스페셜 534회, 〈결혼 말고 비혼〉, 2018.12.23.

131. 유튜버 랄랄 혼전임신 발표, 스포츠투데이, 2024.02.02.

132. 국민 90%가 집 가진 싱가포르의 기적, 한경비즈니스, 2020.09.02.

133. 싱가포르 2023년 인구 통계, 국가인구인재부.

134. 한국 여성 왜 아이 안 낳나… 영국 BBC 저출산 집중 조명, 연합뉴스, 2024.02.29.

저출산은 성형수술 때문입니다

당신이 모르는 대한민국 저출산의 진실

초판 발행 2025년 2월 15일

지은이 이상준	**펴낸이** 김미숙 **편집** 최성규

디자인 김선아   **마케팅** 박영진   **보조** 김영수

펴낸곳 무상인

이메일 musangin260@gmail.com

등록일 2024년 8월 29일 제 2024-000046 호

ISBN 979-11-989336-3-8 (03330)

이 책에는 네이버에서 제공한 나눔글꼴이 포함되어 있습니다.

저작권법에 의해 보호받는 저작물이므로 무단 이용을 금지합니다.